U0519854

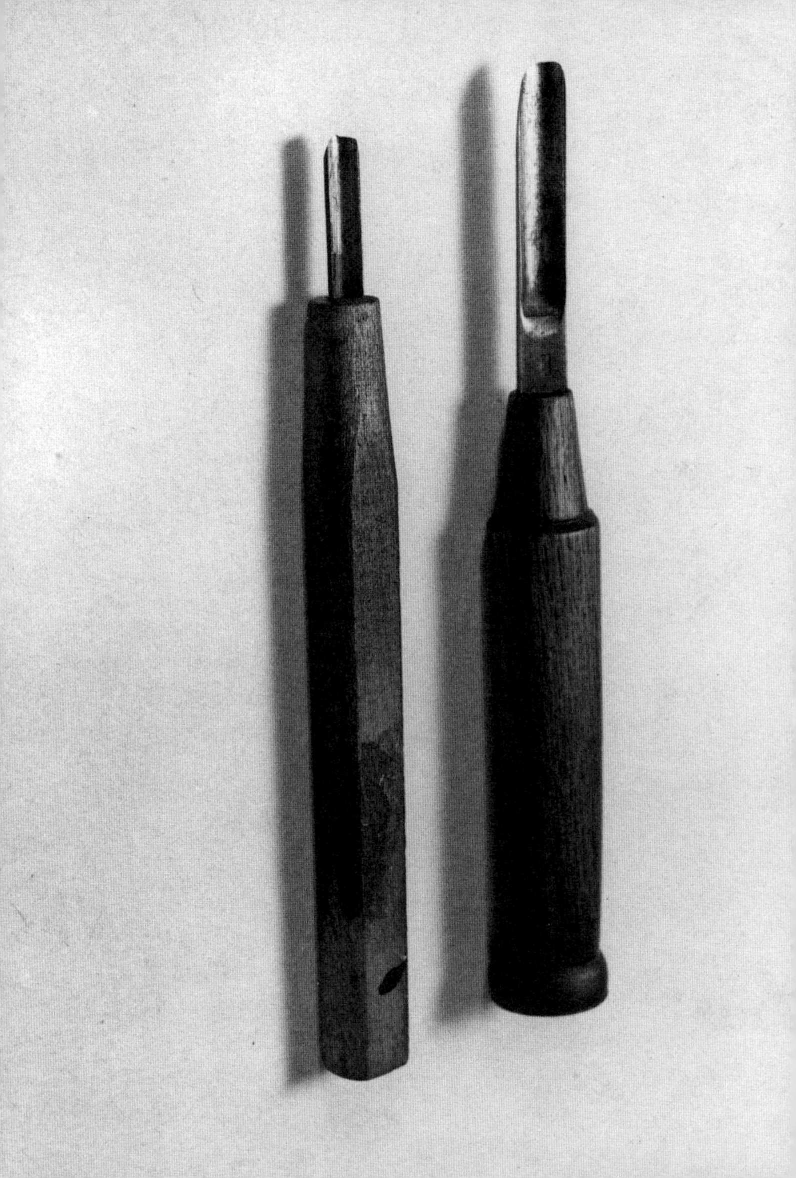

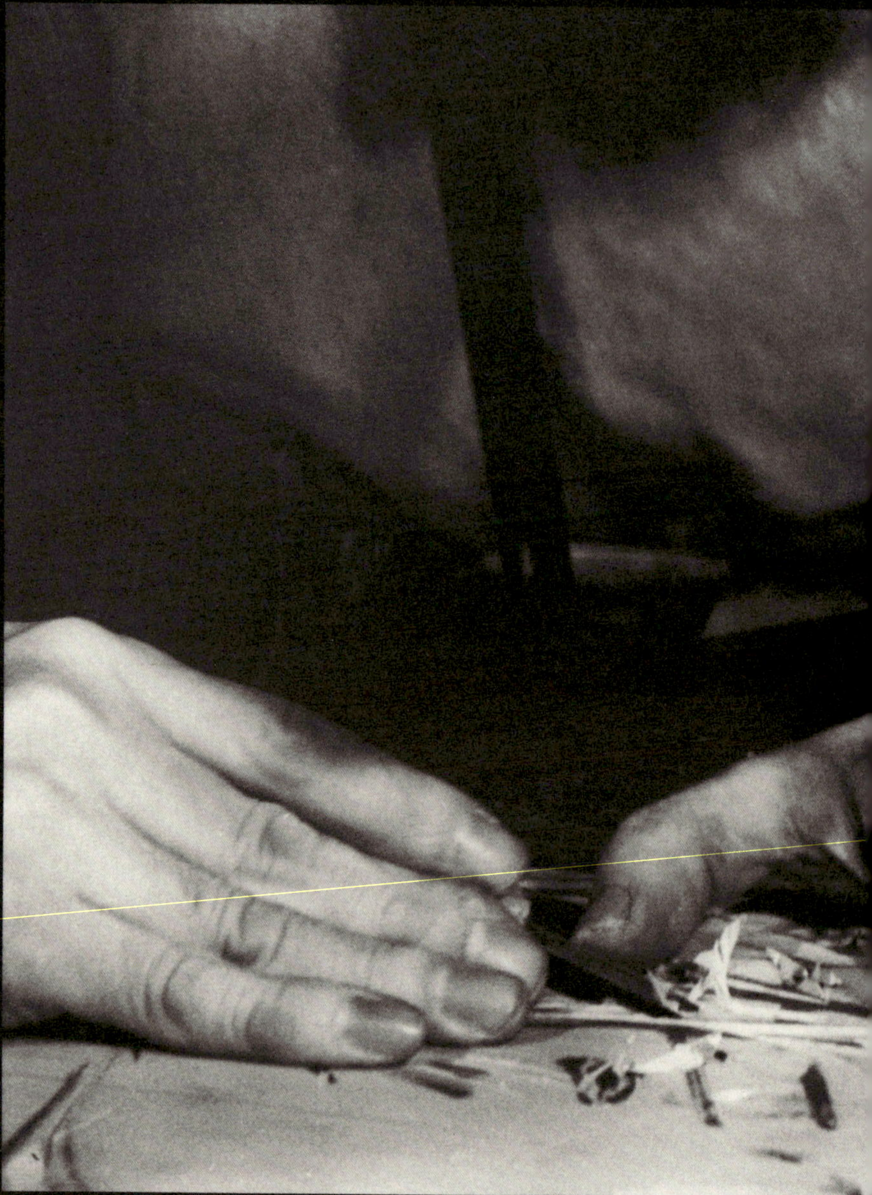

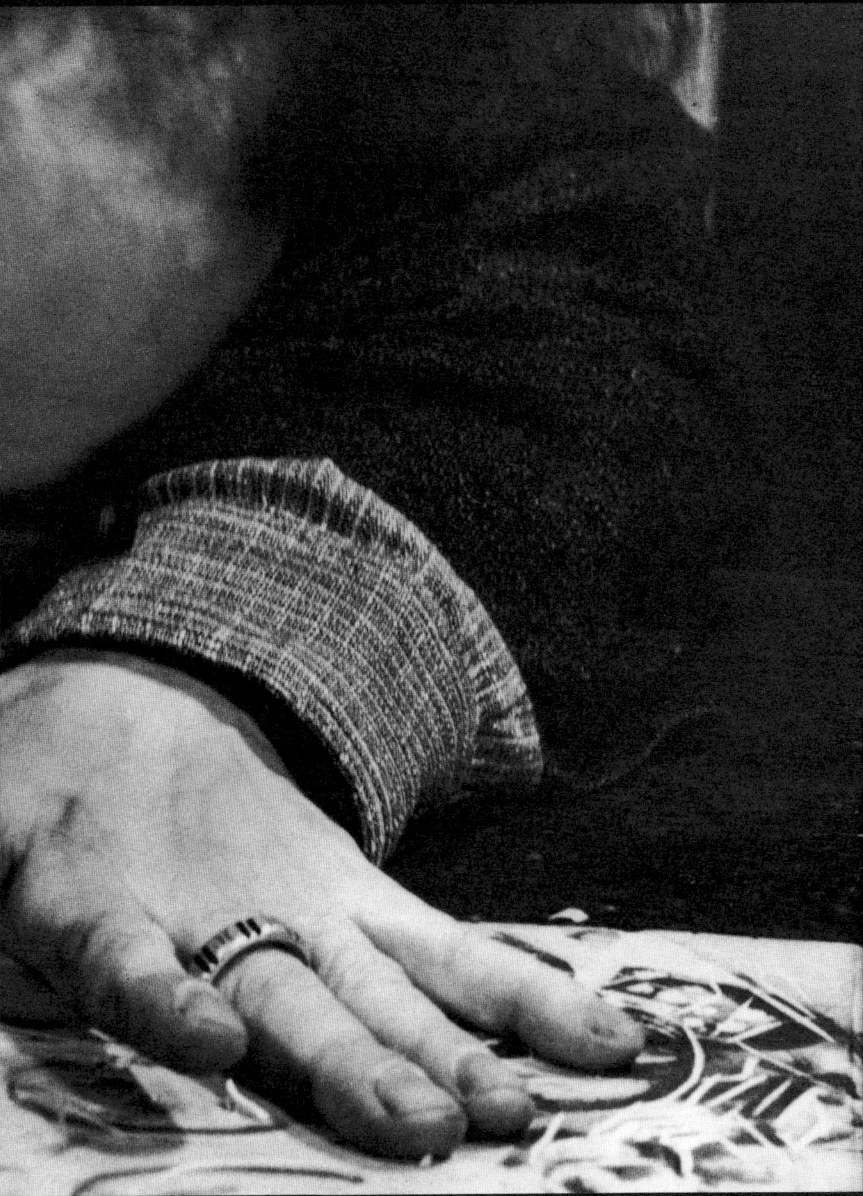

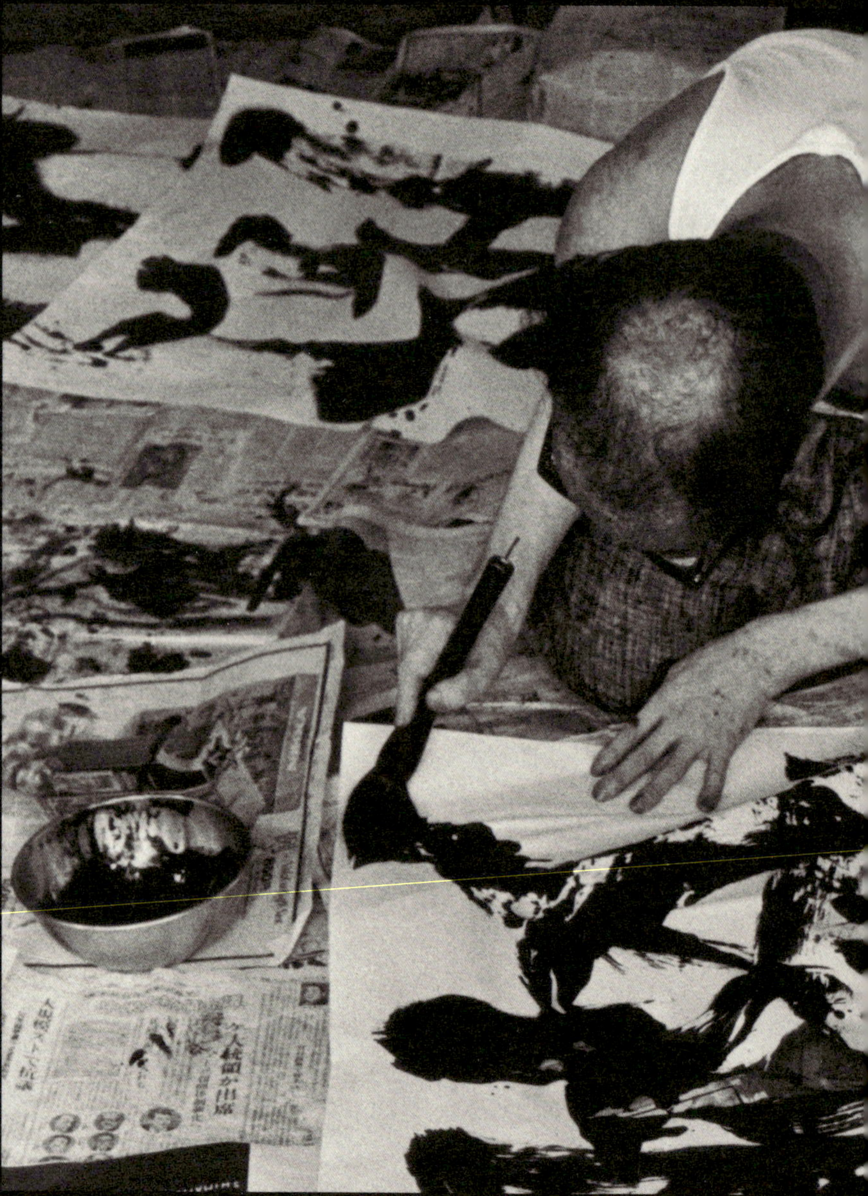

• 摄影 • 土门拳

栋方志功
——
美术与人生

[日] 海上雅臣 著

杨 晶 李建华 译

商务印书馆

目录

一代宗师栋方志功	黄 品臻	• 001
中文版　　序	海上雅臣	• 008
海上雅臣的栋方志功	池田满寿夫	• 012

序章

| 1.01 | 序章 | • 021 |

画痴的诞生

2.01	生平	• 027
2.02	画痴	• 033
2.03	认识梵高	• 041
2.04	眼疾	• 045
2.05	走出去的土壤	• 049

成为版画家

3.01 进京 · 061

3.02 版画开眼 · 069

3.03 创作版画运动 · 079

志功板画绽放

4.01 从习作期的蜕变 · 089

4.02 志功板画 · 095

4.03 戏画的源流·帝展特选 · 111

4.04 文人交友 · 121

4.05 水墨画 · 129

4.06 其性格 · 139

向画框画的挑战

5.01	志功板画的展开	• 149
5.02	向大作板画的挑战	• 173
5.03	板画卷·悠游的余裕	• 191

志功板画的背后

6.01	版画——1950年代国际状况	• 203
6.02	民艺——对版画的时代错误	• 213
6.03	误解的梵高	• 219
6.04	求道之师——河井宽次郎	• 227
6.05	表现主义与板画	• 235

交互彰显的艺业足迹

7.01　倭画——日本绘画之心　　　　　　　　• 245

7.02　书法——文字与表现相搏　　　　　　　• 253

7.03　油画——表现意欲的根基　　　　　　　• 257

7.04　画陶·石版画——自在的画技　　　　　• 263

晚年
——游十年

8.01　晚年——游十年　　　　　　　　　　　• 269

附录·志功作品的看法
——为收藏家记

9.01	人气的推变与市场性	• 289
9.02	志功作品的特长	• 305
9.03	赝品的倾向	• 313

后　　记　　　　　　　　　　**海上雅臣**　• 364

一代宗师栋方志功

黄品臻

2018 年 6 月吉日

- 美术评论家海上雅臣先生独具慧眼，相继推介栋方志功、八木一夫和井上有一的艺术，在日本国内外引起广泛回响。这部《栋方志功——美术与人生》，完成于1976年栋方志功一周年忌日。海上先生写道："为将他付出的努力大白于天下新写的评传，……为了将他孤军奋战的轨迹，他在美术界艰难的拼搏勾勒清晰，博采周边人士的声音撰成此书……"这部栋方志功论，以呈现真实为初衷，考证了大量信札资料，对美术史作了深入回顾与钩沉，采用翔实丰富的细节，讲述大师的身世、性格、观念、情感或意识，将一代宗师的本来面目呈现给世人，为研究栋方志功奠定了一个难得的史料基础。
- 海上先生上中学时，就为栋方志功自称"板画"的魅力所惑。因为喜爱栋方的作品，他贸然登门拜访，被他憨厚的性格、杰出的艺术折服倾倒，遂与大师结缘。"从那时起将近五年时间，我几乎每天长在他家，在栋方家客厅和他的家人一起吃午饭晚饭，在他的工作室乐此不疲地整理年谱、作品目录……"栋方大师在世时，视海上先生为莫逆之交。此书搁笔，版画家池田满寿夫不无感慨："在东汉普顿与海上见面的瞬间，话题就是栋方志功。据说来美前约一个月，他把自己关在轻井泽，一气呵成皇皇三百页的志功论。所以见到我时，显然他仍未摆脱这种亢奋。而我唯有对他一个月工夫便把三百页搞定的笔力慑服……"

· 栋方志功身处战祸连天的动荡年代。因视力障碍而未被裹挟入战争，成全了他非凡的艺术。世界大战，人类文明空前浩劫，他怀着对民族命运和人生意义的思索，艰难跋涉一路独行。在他身后，人们看到如下字句：

"沿此路走的人，

前行者挡道，

后来者滔滔……"

这些字句充满自信又不无悲凉之感。栋方志功的时代，正值日本国粹浮世绘向现代创作版画发展的阶段。二战结束后，世界版画以创造为主旨的热潮兴起，天才画痴横空出世，对现代版画的影响力极为深远。栋方作品中鲜明的日本风格，质朴的东方韵味，为世界艺术史输入了新鲜的血液。1956年荣获威尼斯国际美术双年展版画大奖，这一殊荣震惊世界。由此，栋方跻身诺尔德、米罗、杜飞、夏加尔等现代艺术大师行列，西方世界赞誉他为"世界的栋方"，是代表20世纪的世界艺术巨匠之一。由于栋方的卓越贡献，1962年日本京都嵯峨法轮寺赠予他"法眼位"这一佛教哲学艺术家定位。与此同时，富山真言密宗大本山日石寺授予他"法眼位"。海上先生介绍说:"法眼,是中世授予医生、绘师、连歌师等的称号,以僧位算相当于僧都的大和尚之位。……拼尽全力追慕日本画心的志功,欣然领受这个称号用于签名。"随后,栋方志功1965年获"朝日文化奖",1970年获"每日艺术大奖",同年获日本政府授予文化勋章,授名"文化功劳者",确立为日本世界级木版画大师的地位。

· 栋方志功的板画根植于日本民族的审美特性,以及禅宗文化、民间美术的滋养,大师从中汲取活力,参悟形式三昧,生发出入木三分的写意刀法。他以深厚的功力、精炼的技巧,扩展了版画的无限可能性。雄浑的刀味、刀锋与木板的搏击冲突,所有无声都是语言,焕发了板画新生命。栋方志功说:"幸福,惊奇或悲伤,在我的内里生成,等待着出世。木刻版画也是一样……我相信，我必须注满感情，让我的作品关乎生死！……我希望，最终我的身心能够和我的作品合为一体。……我自信，板画工具的极限就在这里，我已经把刻刀运用到了极致……"他被赠予"法眼志功"，先天却有眼疾，如同乐圣贝多芬的听力障碍一样荒诞，视力局限是栋方志功难堪的宿命。他以执着坚韧的意志，强烈的表现主义精神，奋力追求灿烂光明之美，开显板画的光辉，纯粹了木板画的本质，是日本现代板画的宣言。他的板画［准确地说，称为"刀画"更贴切］感情真挚饱满，刀锋遒劲，寸铁直指人心，他将日本文化的神秘内涵、日本诗歌的感伤意境熔冶一炉，达到玄妙之境，具有震撼人心的艺术魅力。海上先生赞叹："栋方志功——艺术之无尽藏。"

  杰出的艺术作品对人心灵的感染竟如此强

烈与明显,世界艺术没有栋方,那是完全不可思议的。或者说,艺术源自某个永恒的精神,如果没有创造的心灵,就没有任何艺术。栋方志功一生,都沉浸在热情的创造状态中,他不断超越,提升了板木本身的审美价值,独具开创意义。大师的杰作充满新意,无限多样的姿态显现着温柔亲切的光芒,一派浓郁的东方气息扑面而来。日本现代木刻版画,被栋方大师赋予灵魂,注入了鲜活的生命。

十年前,一了先生主持在河南博物院举办我的个人画展,并邀请海上先生专程前来指导,有缘见到这位艺术长辈,给我莫大鼓舞。为感谢先生厚意,我以一幅《浴佛图》送上留作纪念;翌年又与一了在杭州与海上先生饮酒欢聚,犹如昨日。前年北京紫禁城太庙艺术馆举办"书法的解放——井上有一百年诞辰纪念展",我应邀参展却没能到现场,看到展览发来的照片,先生精神饱满,依然大家风度。此次,由商务印书馆同时出版海上先生三部大作《栋方志功》《八木一夫》《井上有一》,令人振奋。借川端康成一句话说:"……美是邂逅所得,是亲近所得。这是需要反复陶冶的。"感谢译者李建华兄和杨晶大姐,他们对日本文化的深入理解,辛苦翻译,让我们有机会走近这位大师卓越的木板画艺术。

中文版序

海上雅臣

2013 年 8 月

- 只有小学文化程度的栋方志功，以他自己的解释和想法慎重地选择用词。最典型的例子是他自己名字的表记。我18岁那年第一次见到他时，46岁的他用的是志切。
- 他说，画业上还没有建树功业，所以不能出头。
- 汉字的切与功字，字义上有什么区别我不清楚。然而，他开始写作志功，是1956年获得威尼斯国际美术双年展版画大奖之后。
- 这次获奖，是日本美术界首次赢得西方大奖之胜举。
- 油画只是对西洋画亦步亦趋，超越西洋画家的人还没有出现——说这话的志功，以日本传统美术技法的木版画，且以不输于西洋美术的画框画的魄力，甚至有压倒之势的、仅黑白两色的大幅木版画的制作，让西方美术界人士震惊。

- 栋方志功逝于1975年，本书是我于他的一周年忌日，为将他付出的努力大白于天下新写的评传。
- 日本美术界的评论家们渴求西方美术，以其肖似为理想，对志功获奖的壮举不予赞赏，甚至不无鄙薄的倾向，视之为对异质日本主义的崇拜。
- 我为了将他孤军奋战的轨迹，他在美术界艰难的拼搏勾勒清晰，博采周边人士的声音撰成此书。
- 多年的老朋友李建华、杨晶夫妇，继介绍了将书法推向艺术的第一人井上有一的业绩，又翻译了展现我对美术初衷倾倒的本书，令人不胜欣喜。

海上雅臣的栋方志功

池田满寿夫

今年夏天，海上雅臣来纽约顺便到东汉普顿我的工作室来玩。当晚住下我们一起去了纽约兜风，从见面到分手的三天，我们的话匣子打开就像开了闸，说得下巴都快掉了。连老婆莉兰都目瞪口呆，两人在36号街一分手，就问你们到底在说什么？因为她不懂日语。三分之一是关于栋方志功，然后是艺术论、日本文化论、日本画坛论、国际性与国内性问题、双方共同朋友的闲话、色彩规划中心[Color Planning Center]的那点事、欧洲旅行、诗人设计师摄影师圈子的事、关于版画藏家、他自己的半生、创美时代的回忆、美术批评家的坏话，等等。我与海上雅臣是自打1957、1958年以来的交情。交往这样长，我却每次见到他必问：你的正业是做什么的？不厌其烦。他每次应该都有所回答，我却忘得一干二净，下次见面还问同样的问题。海上对我来说，就是这样难以捉摸的存在。并非谁给谁介绍过，不自觉间竟有这些诗人、设计师、美术批评家、画家、摄影师、编辑等的共同朋友，让人也百思不得其解。终于在我不知情中，他与距我家只有 6 英里、邻街的保罗·戴维斯［Paul Davis］也搭上了关系。

· 在东汉普顿见面的瞬间，话题就是栋方志功。据说来美前约一个月，海上把自己关在轻井泽，一气呵成皇皇三百页的志功论。所以见到我时，显然他仍未摆脱这种亢奋。而我唯有对他一个月工夫便把三百页搞定的笔力慑服，同时他究竟几时与栋方志功瓜葛上的，这也是晴天霹雳。海上雅臣与栋方志功的组合，由于我的孤陋寡闻，始料未及。然而说着说着，他那让人不得不领首的说服力，转眼之间就把我给绕进去了。他单刀直入，劈头就让我老实回答："怎样看栋方志功？"

志功的评价比什么都要紧,连东汉普顿宜人的美景也在其次。所以,其实是我不得已先谈起了志功。"他和自己完全陌路,但我认他。"我说。"那你认他哪一点?"他穷追不舍。"他的生命力。而且仔细看,即看只有黑与白的空间,或还原到只有构图,便知晓这是位深谙绘画空间的画家。在日本是罕见的表现主义。"我回答。"诚哉斯言!志功才是日本的表现派,然而在日本谁都不这样看,先说表现主义就被看成旁流……"然后,成了海上雅臣的一人专擅。"但是,我这次写志功尽量不显山不露水,而是通过挖掘客观资料,广征博引已发表的志功本人的文字和其他人的意见、言论,将志功的本来面貌呈现在世人面前。"他说。这个方法在当下,恐怕是最聪明的方法。海上雅臣希望的,无非是在日本美术中得到正当评价,而不是基于利害关系、宗派主义视野的褒贬毁誉。因为志功涉足民艺界过深，所以终其一生也未能得到包括赞成派和反对派的正当评价。加之近年的大众性人气，愈加模糊了志功的本质。我完全同意海上雅臣力主"志功那些从与当时美术界倾向逆反的制作姿态而生的卓异作品群，在作品本身尚未被充分理解的情况下，大众对其特异人品的亲和感已经把他塑造成了传奇性作家"的不满。

- 祸兮？福兮？近10年我生活在国外，所以对志功传奇的部分即他的人生不甚了了。生前从未谋面，也未曾读过他自己的著作。我所知道的，只是在各展览会上观赏的作品群。在东汉普顿被这本甫就的《栋方志功——美术与人生》开场白灌了满耳朵，两个多月后收到了书。于是，可笑的是，我是第一次向这本书请教了志功的人生，以及他驻世从事制作的时代。可是,志功是怎样一位让人兴趣盎然的人!我先对他从良师受影响之快,其独特的思维构造发生了兴趣。野兽的莽撞力与对本土信仰终始不渝的温情,以及无与伦比的造语才能。甚至让人觉得,造型即诞生于这个造语天赋之中。诸如意念的东西在志功的造型中脉动。栋方志功的精灵崇拜才是货真价实的。

· 我对本书也不能说完全满意。即,它太顾忌以初学者为对象的写法。打住!咱们的海上雅臣,当然会以本书为契机,早晚拿出意念般栋方志功论吧。

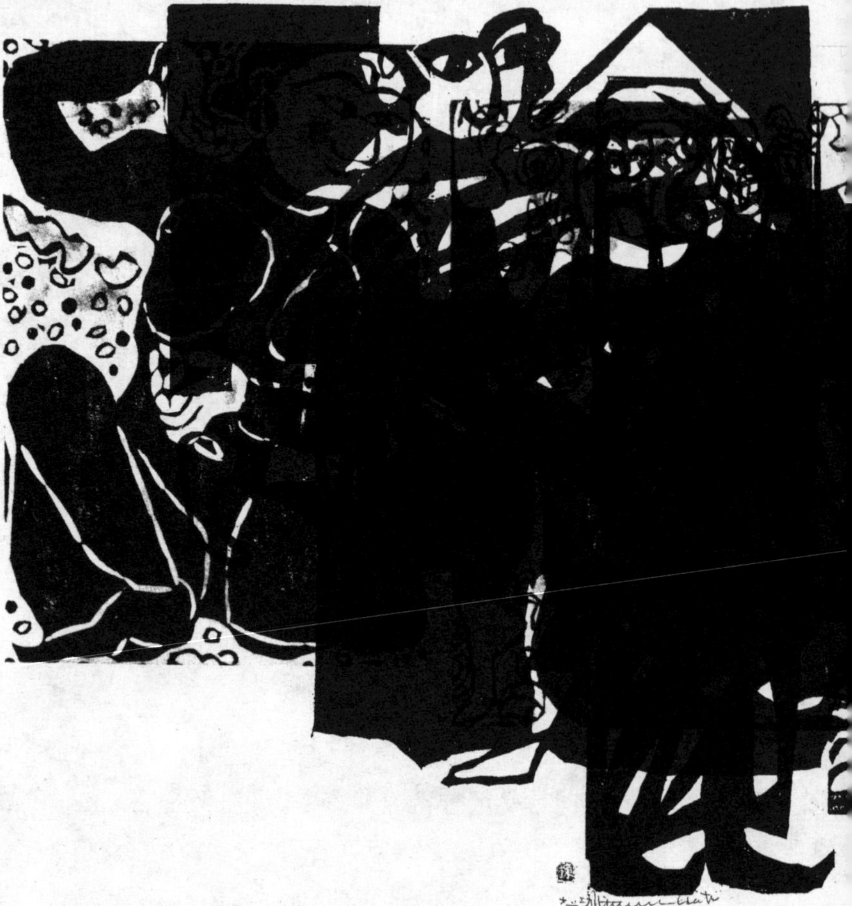

序章

棟方志功

1.01 序章

"1853年3月30日梵高先生出生"——这个护身符样的纸片,贴在青森地方法院律师休息室的柱子上。大正十年［1921］春,新来乍到的杂役把它贴在身边柱子与眼睛水平的高度,随时听候着律师先生的吩咐。

杂役的名字叫栋方志功,这一年17岁。

梵高卒于1890年,是他逝去三十余年后的事。

而今提起梵高如雷贯耳,他是代表现代美术的画家之一。色彩艳丽强烈的向日葵、柏树,包扎着耳朵的自画像等,在耳闻这个名字的同时便能油然而生。但是梵高在世时,除了敦厚的弟弟作为兄长尊重这位画家而外,没有一个人真诚地感知其美术魅力,他是在穷困潦倒中怀着对绘画表现的炽热激情,如蜡炬成灰,以自杀结束了39岁的生命。

有梵高代表作之谓、今天耳熟能详的作品,大多创作于他自杀前的短短3年期间。他死后不久,世间对其遗作的评价渐渐升温,在欧洲各地陆续举办了展览。

约 20 年后,他的作品对名曰表现主义的一批德国年轻画家产生了重大影响,并在觉悟了自我意识的各地受到瞩目。

·

它如此迅速,像蒲公英的种子撒到了远东岛国,而且是在那个年代偏僻闭塞的东北一隅,抓住了只爱画画的一位少年的心,像美的守护神一样点燃了他憧憬艺术的火花——艺术直指人性本质的感化力,让人感觉宛如童话世界般奇异。

·

栋方志功的名字,在今天的日本现代画家中众所周知。他以自称"板画"的木版画孤迥特立的画风,赢得国际性荣誉,以东北乡土本色的风貌行藏,博得广超美术界的大众人气。

·

柱子上贴出梵高的纸片后第 55 年的 1975 年秋,栋方志功谢世,享年 72 岁,身后留下题为《我要当梵高》的自叙传。

·

学历只有"小学毕业"一行字，少年时代一直有画痴之名的志功，是怎样走到这一步的呢？当梵高又是怎么一回事呢？他把版画称为板画［BANGA］，又喜用日本画的画材作画，称为倭画［YAMATOGA］，更广泛涉猎油画、书法、画陶等不同媒材领域，其美术的本质又是什么呢？

在他生前，就有三十几种关于他的单行本文献，然而大多是对他独立不群的个性或相关话题的品评。常说优秀的作家，其人物像往往会被作品淹没。美术史中虽不乏像梵高、高更那样因传闻逸事使作品引起关注者，但栋方志功的场合似乎是，他那些从与当时美术界倾向逆反的制作姿态而生的卓异作品群，在作品本身尚未被充分理解的情况下，大众对其特异人品的亲和感已经把他塑造成了传奇性作家。

在栋方志功离开我们的今天，重新思索栋方志功既未进美校亦无师从、独闯天下建基画业的生活与美术，想必对认清日本现代美术承载的社会现状及其蠹弊不无裨益。

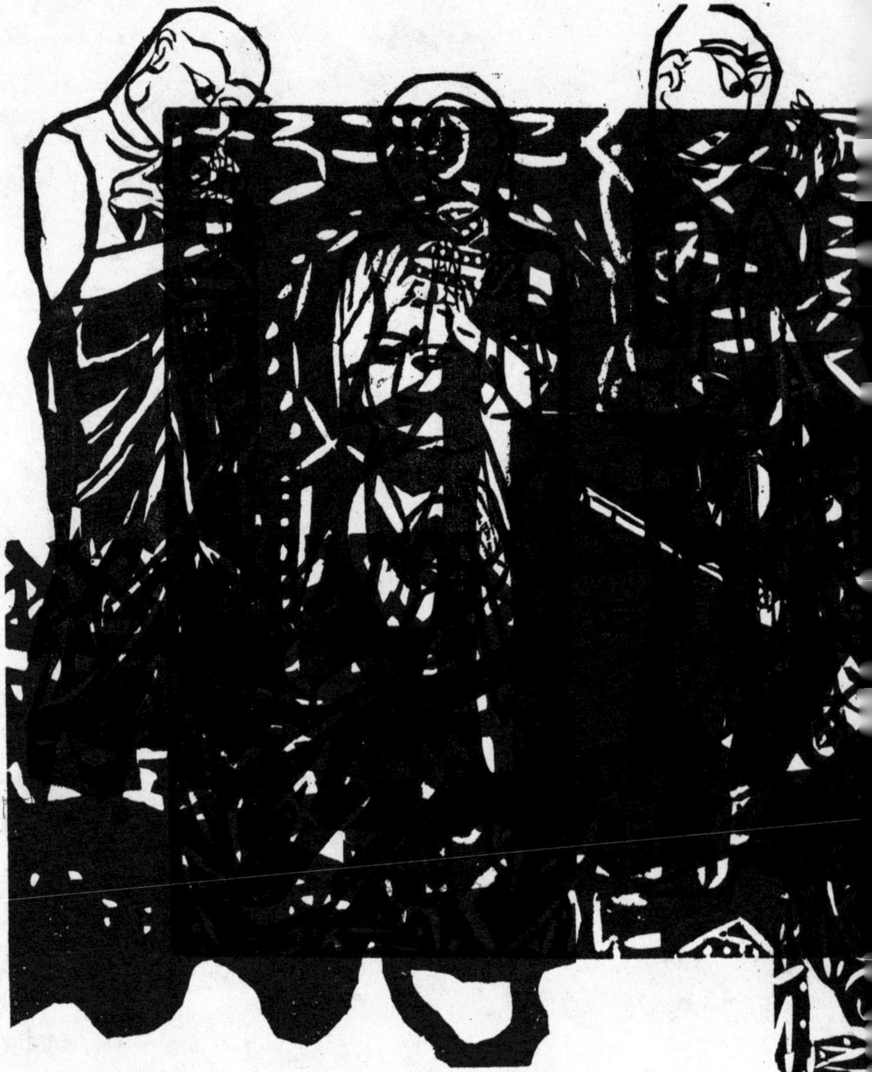

画痴的诞生

栋方志功

2.01 生平

栋方志功,明治三十六年[1903]九月五日,生于青森市大町一丁目一番地。家里开铁匠铺,商号"藤屋"。外祖父彦吉于明治三十三年[1900]志功出世前就过世了,据说他至死束着发髻,为人耿直,受到当地人爱戴,被亲切地称为"藤屋老爷子"。外祖母阿鹤寿至大正十一年[1922],是个性格刚强、虔诚笃信的人。然而,被阿鹤相中了手艺的女婿幸吉——志功的父亲,虽说手艺高强,经他锻造的"沾湿的镰刀,将沾湿的日本纸放上,只要轻轻一提,已经纸断痕连",有口皆碑,却是所谓大师气质的匠人习见的怪人。家事就败在他手里。直接原因据说是他替朋友作保画押,人家卷财一走了之,他成了冤大头被抄没房产。

·

志功[shiko]的名字是外祖母取丈夫"彦"[hiko]一字,因当地人把"hiko"发音成"shiko",阴差阳错得来。

·

幸吉取"藤屋"商号谐音,自称"富士幸"[A],栋方志功后来在板画上签名时,以汉字书志功,以罗马字书拼音MUNAKATA,还要加盖折松叶的书印,即父亲在富士幸的锻造物上爱用的标记。

·

[A].
藤[Fuji]与富士[Fuji]音同。
[译注]

志功的母亲阿贞［sada］16 岁时迎来赘婿幸吉，她要服侍不谙世故、嗜酒如命、难伺候，不高兴时甚至工作也摔耙子的丈夫，抚养相继出生的十二个［三个生下来不久早殇，志功没有记忆］孩子。志功 17 岁那年秋天，母亲去世，时年 42 岁。

- 在我的记忆中，泡在苦水里的母亲没穿过一件带点红颜色的衣服。还能记起来，她麻利地把发髻灵巧地盘成当时的发式，叫"银杏卷"的两个趴着的环型，拢到后头部，将扎头的白绳两端缠在手指上"咔嚓"剪掉。足袋［分指袜］也穿自家做的。类似足袋店招牌的纸型，从外祖母、父亲到我们所有人的份儿一应俱全。时下流行灯芯绒的"鬼足袋"，让人眼馋得慌，但除了母亲缝的足袋［线缝儿像鞋底一样缀在两侧、多层厚底，不能翻转的那种］以外，我们绝不敢奢望。

• 母亲的针线活儿精到,是外祖母常挂在嘴边的。她为参加著名的青森土祭"睡魔节"[A]狂舞的人们一天赶制十件新睡魔祭新衣的本事,至今仍在亲戚中间津津乐道。母亲就是这样对家事家业鞠躬尽瘁的人。

• 青森的冬季一月是"吹雪[暴风雪]鳕鱼"的渔汛。母亲要到若由、冲五、千叶传、角利以及其他鱼商那里推销我和二哥——现青森县汽车学校校长在作坊打造的"鳕钩"。

• 她把用当天的材料、燃料打造成的富士幸鳕钩几副几副地数出来,按各家批发商订制的不同形状分成袖形、圆形、巴[tomoe]形。我们总能回想起那遥远的情景。暴风雪滚成了团,往返青森的路上连眼睛都睁不开。遇上沉重的铁钩没有买主时,手工缝制的无指手套连一丁点儿热乎气都没有,母亲冻僵了的手都抬不起来。有时也许从早晨到中午再到傍晚,铁钩也没脱手。即便"富士幸"的牌子硬,价格上仍然三番五次地遭遇砍压。

[A].
睡魔节[nebuta]是日本青森、弘前等东北地区的传统节日之一,据说源自"秋收到来之前驱散睡魔"之意。每年8月2日至7日,人们将纸糊的人形或动物造型的灯彩,或肩扛或车载伴随大鼓笛声游行,盛况非凡。[译注]

• 栋方志功

母亲总是这样去奔一天的米钱和菜金。即使暮霭沉沉,暴风雪的街巷亮起昏暗的路灯,连眼前的东西都看不清了,也不见母亲回来。孩子们挤在一块儿喊"妈!"眼巴巴地盼着母亲的身影。

当顶风冒雪、从头到脚连黑头巾都变白的母亲,带着呼啸的寒风夺门而入时,先掏出揣在怀里、热气腾腾的报纸包。是蒸地瓜。那个时节的青森,这东西是穷人家孩子最解馋的。"好香好甜的地瓜来喽——!"就像面对嗷嗷待哺的雏鸟,母亲在做饭之前先让她的孩崽们垫补点儿东西。

只能说母亲好苦命,患了当时完全没治的肝癌,在不幸中走完了短暂的一生。被母亲放纵惯了任性的父亲,在母亲临终时动了真情。他哀痛万分,凄恻之情超出我们的想像。

"阿贞!看我揍你——,就这最后一回了呀!呜——呜——,啊——"出殡的时候父亲哭喊着,发疯似的一个劲儿砸那口入殓棺椁盖上的钉子。让人哀怜的母亲42岁,痛不欲生的父亲也在三年后52岁上过早地离开了人世。

《哀母记》

志功在兄弟中行三,是父亲34岁、母亲25岁时出世的,上面有两姊两兄。他出世时啼哭声惊天动地,教邻居们疑为厉鬼降世。据说他泣之喤喤,通宵达旦,看来是个生来肝气大、争强好胜的孩子。

志功出生不久"藤屋"的房子便易手了,一家人开始辗转租房打发日子。在志功的印象中,他出生的家只有炉子、老高的屋梁和黑得发亮的楼梯。

画痴

青森市立长岛寻常小学。这是栋方志功唯一的母校，从这里毕业是唯一的学历。时间在大正五年［1916］。

据自传可知，由于家境贫寒、兄弟姊妹成群，志功连小学二年级时乘火车去大鳄郊游也去不起，哥哥贤三为安慰他给他放飞风筝，就在这一天发生了几乎毁掉一座青森市的特大火灾。5月3日青森的房顶仍被残雪覆盖。他写到，雪景中在脑海里铭刻下"红、紫、朱、黄、黑的火流进出的流光华彩"。

郊游之日，放风筝得到安慰的孩子，喜欢上了风筝画。

那时，我迷恋上了风筝画。县内有青森风筝、弘前风筝和五所川原风筝三个流派。

青森流工于歌舞伎绘，那些妖娆冶艳的歌舞伎艺人的浮世绘，尤其撩拨青森这种地方城镇的孩子和大人的心。那是曾我五郎[A]啦，那是镇西八郎为朝[B]啦，这是忠臣藏[C]的大石啦，尤其是曾我五郎和御所五郎丸打擂台，必然引来狂呼怪叫。色彩也用红色，旦角演员画像涂着厚厚的香粉，嘴唇敷以妩媚娇艳的口红。

相形之下，弘前风筝更多北斋[D]韵味，风格大相径庭，头发、眉毛、长髯都是用刷子刷上去的，造型夸张醒目，线描和晕染虎虎有生气，气势迫人。中国古典中侠肝义胆的关羽、张飞，抢着血淋淋的大刀，黑髯飘飘的形象让人一下子紧张起来。以精武为怀的弘前男儿视之，越发血脉贲张吧。

五所川原风筝用褐色描线，落落大方，气象豁达。说白了即"能"面，画技不高品自高，反而营造出一种超然的巨大形象，是我尤其偏爱的。

《板极道》

与风筝画意趣相通更其宏伟、令他感动的，是七夕夜在街上巡游的睡魔节彩车的装饰画。这个繁喧狂舞、无拘无束的日子，牵动了县下男女老少的心，一举涤荡了笼罩在漫漫严冬的阴影和田家作苦的寂寥。

[A].
曾我五郎［1174~1193］，本名曾我时致，镰仓时代初期武士，与其兄替父报仇的历史故事广为流传。［译注］

[B].
源为朝［1139~1170］，通称"镇西八郎"，源为义的第八子，平安时代著名武将，弓箭高手。［译注］

[C].
《忠臣藏》是日本歌舞伎中最优秀的剧目之一，取材于元禄十四年［1701］的"赤穗义士"事件。恶人吉良逼死小诸侯浅野后，原在浅野手下的浪士在总管大石内藏助的率领下杀死了吉良，为主人报了仇。［译注］

[D].
葛饰北斋［1760~1849］，日本江户时代浮世绘画家，其绘画风格对后来的欧洲画坛影响很大。［译注］

与风筝画同样教我绘画的，是七夕祭的盛事"睡魔节"。全县特别是津轻地方的青年和成人的生命热情，都倾注在一年一度的睡魔节上。因为有了这项盛事，青年们才能埋头劳作一年。一提到青森，便离不开睡魔节，可以说它就是青森的缩影。传说津轻地方灯彩的起源是坂上田村麿[A]征讨虾夷时为诱骗敌人做的诱饵。

　把大竹子劈成细条，扎成人形。糊上日本纸，用墨汁描线，然后挂蜡，绘花纹，用强烈鲜艳的染料，是黄红青紫等各种极端的原色总动员。

　这个灯彩的颜色，才是绝无羼杂的我的颜色。灯彩里动辄点上五十根、上百根的百目［375克］大蜡烛。镇上扎这样的巨大灯彩，烛光辉煌，据说连邻街也能望见半个灯彩。仅是用粗线描的脸就有足足两抱大，实在壮观，而这样的彩车一下出现五十多台，年轻人怎能不热血沸腾！

《板极道》

孩提时代，栋方志功最憧憬的是当个睡魔节的画师。画师的样板就是藤屋本家的叔叔栋方忠太郎。他绘的"灯彩相当了得，力量膨胀，眼睛、手脚都画活了"。上小学时志功就一心向画，从那时起被叫作画痴，祭日临近就去给制作灯彩的忠太郎帮忙。

- 我小学毕业，从结业式回来即被打发到了作坊。刚拿到毕业证书就第一次"咚叮当"地抡起二锤。咚，是火头前的父亲为领我敲的手锤音。叮，是我打的锤音。后面的当又是父亲的定锤音。
- 咚叮当，咚叮当，本来要头锤二锤有板有眼，有来有往，但我就不行了，笨得灵巧，甚至比笨手笨脚还不如，才叫人急得直哭鼻子。眼看着一年两年过去了，我的咚叮当也不长进。到第三年仍不上道，让以刃具锻造闻名的父亲不知所措。
- 再有耐性的人也要所谓"扔锤子"，火冒三丈。我的父亲又是脾气暴躁的人。居然忍了我三年。任凭父亲用烧红的铁烫我的脚，用沉重的手锤砸得我脊梁骨都要断，我也对锻造不开窍。
- 我好像满脑子装的净是画的事。痴想我要当画家，我要当画家。

  《板画之肌》

[A].
坂上田村麿［758~811］，亦写作坂上田村麻吕，平安初期武将。因讨伐虾夷［日本东北］之功勋，被封为征夷大将军。他是传统日本文化中的武神。［译注］

对于那时的志功来说，画家即睡魔节灯彩画的画师。不想，那年忠太郎跐着脚手架，往上够着画时，露出脏兮兮的脚后跟，让他在生理上顿生嫌恶。

后来，《朝日新闻》上有个题为"你讨厌的东西"的连载专栏，清水崑在配肖像画的专栏对志功做名家访谈时，志功说"讨厌别人刚用过的厕所拖鞋"，受不了别人的脚留在拖鞋上的体温。

这也许与志功对少年时最先仰慕、崇拜的画师的脚龌龊生厌有关，感觉灯彩画师不过尔尔，离弃了画师和灯彩。志功的这个记忆，与他嫌恶别人在拖鞋上的体温，也许在生理上互为因果的吧。

而激荡了志功画痴心志的，还有他家附近善知鸟神社的境内。

- 那里的春天，三色堇、蒲公英盛放，旁边河堤下的泽泻、慈菇长出特征鲜明的叶子，开着有黄有白的花朵。河堤上的洋槐挂着一串串白花，和煦芬芳。徜徉在古木参天的神社里，神祇之心不知不觉地沁入我的身体。
- 善知鸟祭是热闹非凡的盛大节日。"宵宫"［前夜祭］时会漂流许多红灯笼［河灯笼］。沼泽里说是栖息着一对两米左右的沼贝,人们称它是"沼泽精灵"。烟花哧溜哧溜地绽开。吃一钱两串的杂烩串,或瞄准圆盆里金银红黄蓝的圆圈靶吹箭。我最拿手的是吹金靶,金靶中了可以得三串杂烩。有一老婆婆在卖棒糖,是把半固态的糖卷在棒上卖。偶尔卷出个比较大的棒糖,孩子们便蜂拥而上,"老买你的,便宜点!"你争我抢。只见老婆婆头缠毛巾,手上沾着唾沫卷棒糖。虽然不干不净,但对孩子们却有着挡不住的渴望和诱惑。

印象中,神桥边吊着足有四米高的彩绘灯笼。灯笼上彩绘的牡丹艳丽夺目,而我对同一株牡丹却开出红黄紫花不以为然,心想大人竟以这样的画蒙人,很得意吗?

后来,我到了东京学画,懂了:那个绘灯彩才是真画!才是表现超越自然的、画境中写意的自然啊。它不是牡丹花本身,而是画笔升华的牡丹。

《板极道》

志功在这个环境中孕育着绘画心志,人在父亲的作坊心猿意马,笨拙地抡着二锤,把通红的铁打翻在地,你吼他用手抓,他真格地空手抓给你看,反而弄得父亲伤心惨目。他就是这样无限地膨胀着当画家的梦,让人们叫成画痴。

2.03 认识梵高

母亲一病不起,富士幸恐怕就没人能取代她照顾生意了。不难推勘,对家事不胜其力的父亲幸吉对阿贞卧病万般无奈,脾气更坏,甚至无法正常工作。

·

与母亲死别前后,鲁钝的志功终于得到离开铁匠铺的机会。邻家少年的父亲是律师,爱惜志功的风筝画,伸出援手为志功解围。

·

那阵子,志功通过一名年轻的西洋画家——家住青森,往返于弘前市内中学教图画的教师——第一次获悉了法国现代美术的详细资讯。塞尚、劳特累克以及毕加索、马蒂斯,或伦勃朗、米开朗琪罗,都是那时第一次被亲切灌输的知识,闻知他们的大名与作品。

·

今天图画手工教材,都像美术史料或百科事典的附录页,彩印大量介绍画家、雕刻家的作品供观赏,而那时的图画教材却印着日本画范本,诸如海上日出之类命题的绘画法,图画课与习字一样,都是依样画葫芦的摹写,所以热爱风筝画的志功,图画课的成绩总是得丙。誊录四平八稳的日本画式范本,把他难倒了。

·

对于这样的志功,在年轻西洋画家的家里意外听到欧洲现代美术的讯息,令他心驰神往。那时,他被画家拿出来的文艺期刊《白桦》上梵高的向日葵的彩色套印深深地吸引了。

- 卷头画是彩印的文森特·威廉·梵高的向日葵。六棵向日葵,用夹着红线的黄色画,熠熠生辉,背景是夺人眼目的宝石绿。只看一眼便让人震惊不已。我的天啊!绘画竟如此了不起!这是梵高?是梵高吗!
- 我惊悚了,大受冲击,欣喜狂躁,大喊大叫。我相信梵高才是真画家。放到今天看,那不过是印刷粗糙、小小的卷头画而已。但是对我来说,一似梵高刚画就、颜料未干的新作。我只会一遍又一遍地嚷"真好!""真好!"我用拳头砰砰地猛砸榻榻米,嘴里一个劲儿地叫"好"。
- "我也喜欢,既然你这么喜欢就送你吧。梵高是爱的画家。"最后,小野忠明加强语气对我说。
- 打那以后无论见到什么,都像梵高的画。树木山川均与梵高的画仿佛,忽忽地冒火。连公园里的松树杨树也舔着火舌似的燃烧。

·《我要当梵高》·

被油画的魅力弄得神魂颠倒的志功,从杂役工作可怜的津贴中先拿钱买了油画笔,在往返法院的路上用唾沫蘸着笔,向虚空挥运他的画。

工资是 6 日元,但是律师们给的小费积少成多,他用这个钱买下全套油画具时,为"沉甸甸的画韵""黏稠的画材手感"乐不可支,因为以梵高的画为借镜,对象统统被他画成了燃烧的形象,人说"志功的画浑似火灾"。

2.04 眼疾

志功的眼睛本来就极差。他在自传中写道,第一天到法院律师休息室报到,就把被揉成一团的烂抹布当成了老鼠,被秘书骂成"猪眼"。他写自己从那时起眼睛就差,然而实则上小学前眼睛就已经严重近视了吧。当时学校还没有查视力一说,家里的环境又是全然不关注这些细枝末节,恐怕他是在不知情的状态下念完小学的。

他对家传的铁匠手艺不得要领,驽钝无能,想必怪他的高度近视。加之在眼前看火花,使眼睛更受了伤害吧。多年后,要给志功配眼镜的眼镜店老板曾绝望地惊呼,他这眼睛,市销的眼镜都不管用,必须订制特殊光学镜片。

在学校被哄成"迷糊眼",在职场被贬成"猪眼"的志功,当上杂役后才初识眼镜的滋味。那是给志功介绍工作的律师不落忍,把家人用过的眼镜送给了他。

这才叫"清楚"呢!志功切身体会到眼镜的好处,惊讶看事物的方法彻底改变,对人家说"清朗得过头了"。

志功看什么都搓着鼻子,像嗅味儿似的拿到眼皮底下看,是名副其实的"近视眼"。他自己说,因为爱在光线昏暗的室内看立川文库[A],所以把眼睛搞坏了。然而他不是那种后天性近视,而是晚年因青光眼不幸完全失明的眼质,让他生来背上了与众不同的宿命。

[A].
立川文库,明治末期至大正中期,由大阪立川文明堂出版的小开本评书系列,由曲艺家玉田玉秀斋、山田阿铁合著,主要有《一休禅师》《猿飞佐助》等,深受青少年欢迎。[译注]

2.05 走出去的土壤

志功17岁进法院的律师休息室当杂役,到23岁做了五年。他利用只有开庭日上班,一周大体工作三天的时间弹性,一心一意画画。工资也逐步提高,最后拿到18日元[金钱的价值随着时移世易而不可捉摸,以身边的浇汁荞麦面为例,那时荞麦面八钱一碗,到了1934年约10钱]。

这样就有零钱买画材了,白天出去写生的时间也绰绰有余,志功抱着心爱的三脚架,在县内四处转悠,寻求称心的风景。他到处竖起三脚架,涂抹梵高一流的强烈色彩,这个绘画行为大概使画痴的印象更瓷实了,同时也带来他与同道侪辈的邂逅。与二科会[A]理事鹰山宇一相遇即为其例。

[A].
二科会,日本美术家团体之一,以"二科展"广为人知。因对文展[文部省美展]的审查制度不满,1914年以山下新太郎、津田青枫、有岛生马为代表的美术家脱离文展而结成的在野美术团体。"二科展"在很长时期内作为民主自由的艺术表达阵地得到广泛支持,现在亦经常举办各种展览。
[译注]

- 栋方志功在阳春的合浦公园一角支起画架,谛视东岳。然后,从容地弯下身挥运画笔,雄壮苍劲。那时他穿一件旧的大礼服。不久画布上涂上厚厚的颜料,而仅有的大礼服也开始用来蹭画笔,逮哪儿蹭哪儿。
- 随着画的完成,大礼服也被颜料抹糊至花里胡哨。
- 我被这个奇癖惊呆了。围观的人,连公园和春天也面无颜色。当时还是青森中学一年生的我,对栋方志功的惊异从此时开始。

· 鹰山宇一《栋方志功的惊异》·

正像眼镜是人家送的一样,大礼服也是律师穿旧了的吧。白来的东西即使不相配,也有它实用的好处。

·

他的写生任谁看也是奇癖,作画前后又异乎寻常。画前一定向风景鞠躬,画毕再向所画景色言"谢"!

·

他与国画会会员松木满史相识,也在这个时期。松木是箍桶铺世家之子,因为对木雕感兴趣,少年时拜了市内的佛像师做学徒。志功往他家给母亲订制了牌位,两人因而相识。

·

那时相遇的印象,在松木的记忆中是来访少年戴的怪异鸭舌帽。鸭舌帽从帽檐向上画满白色唐草纹,活像顶着雪,而且是用油画颜料……

·

那正巧是松木也订购了《洋画讲义录》,刚开始作油画的时候,两人一拍即合。据说那天,松木就把《啄木歌集》借给了志功。

·

吃穿无忧的世家子弟松木,以此歌集为媒,从此自况志功的新潮引路人。多年后志功在镰仓山盖房子时,专门腾出一间放三角钢琴,家里没人会弹,志功说钢琴在哭,让那时来玩的年轻姑娘弹《邮递马车》,自己开心地用手抚弄琴身,身体随着旋律的节奏扭动着,说钢琴高兴了。《邮递马车》是松木少年时代经常吹口哨的曲子,志功自己不会,一定听得入迷。

·

还有一位,是在点心店当小伙计的古藤正雄,后来成为了院展雕刻家的古藤,据说那时是以对油画的幻想为动力制作点心馅的。某天他给律师休息室送点心,在杂役室看到了写生板上的油画。柱子上的梵高先生固然让人心动,但写生板上描绘的少女、凸起反光的油画颜料笔触的魅力,让他看呆了。这样,各抱才艺的四个青年,同样迷醉于油画的魅力,向同一个梦想开始了亲密交往。

1922年,志功19岁。他与松木、古藤谋划了首届油画展览会。那是:

- 现在想起来还让人汗颜,而且那不是同人展之类轻松的形式,一上来就拔高到公募展。别说,歪打正着,引起各方反响,参展踊跃。我们借当时的红十字支部做会场,在缺少刺激的乡下城镇办展,相当热闹。
- 栋方自有他过人的才能,包括见报、受理作品以及其他杂七杂八的事务,都处理得井井有条。这个展览会的评审,也是自信满满[？]的栋方和我二人负责。

  ——松木满史《青光会及其他》

青光会展春秋举办两届。据参加了第三届展览的鹰山回忆:

- 大正末期,堤桥畔有个活动场地叫青森馆,二楼大厅用来举办各种活动,栋方志功牵头的青光社第几届展也在此举办。当时我升中学三年,也送了两幅油画忝列其中。栋方志功正站在一幅画在约三十号的麻袋画布上、笔触粗犷豪纵的,以浅虫海岸的岩礁为题材的作品前,信誓旦旦向来客大声宣布,准备向秋季二科展寄作品。那时参展人中有松木满史、古藤正雄、七尾善之助等的名字。

> 十几岁、身材不高的栋方志功,穿着蓬腿裤,被一大群参观者围在会场中央,突然爆发出自命不凡的大笑。人们哗然,被这个年轻主办人吓出了一身冷汗。
>
> ——鹰山宇一《栋方志功的惊异》

竹内俊吉［现任青森县知事］在《东奥日报》的时评上,专门论及青光会展,是他最先毫不含糊地肯定了志功的画才:"栋方氏的作品令人震惊。他的画作是全场之翘楚。若没有受到什么影响,他无疑是天才。——他的作品没有描摹自然。不,他的作品是在鞭挞自然。"

这句话从今天栋方志功的隆誉来看,有被囫囵吞枣之虞。总之,志功任其画痴的绰号恣肆,其狂放的姿态使他从起步之初即惹人眼目,是其才能的特异教人无法不认同他吧。

竹内时任《东奥日报》总编兼文艺部长。而当时的文学青年,后来当选众议院议员的淡谷悠藏［歌手淡谷典子的叔父］,也是青光社的后盾。

不过，对二十出头的志功在艺术志向上产生另一新鲜刺激的，是他在街头写生时结缘的诗人福士幸次郎。

- 我在与原来叫法院路、有公共水喉和公厕的善知鸟神社路形成丁字路口的地方，立起三脚架画油画。围观的人越来越多，感觉这下暖和了多好，拼命甩开画笔时，身后有人开腔"志功画得真棒啊！"我嘴里应着"谢了！"继续画我的。身旁就是青森市最老的报社，后来才得知此人是《青森日报》的总编福士幸次郎先生。

·《福士幸次郎全集》别册·

福士幸次郎遭遇关东大地震后无家可归，举家从东京迁回故里津轻，于1924年初发表了地方主义宣言。他认为，世上的翻译文化主义者一直在抹杀民族的、地方的真实，陷溺于平板的世界主义，充其量是替社会主义摇旗呐喊。今天的日本比任何精神运动都需要的，是弘扬源于地方的、具有地方特色的文化运动。即是"如何看待真理与美是无国界的事实"这一民族主义美学的主张。

多年后,志功的板画在国际版画展上屡屡拿大奖时,美术评论界反应冷淡,多认为只是东方的异国情调得宠。看来作家与评论家之间就诠释国际性的意义歧义纷呈,此时已埋下伏笔。

幸次郎的处女诗集《太阳之子》,对于为梵高走火入魔的志功来说,仅题目便令人振奋。

> • 当时,福士的诗集《太阳之子》出版了。从头至尾是热情洋溢的诗篇,包括以"我是太阳之子"开头的诗。装帧出自木村庄八氏之手,全黑布面,镌刻着"太阳之子"的纯金题目,像孩子手绘的太阳光芒四射,睥睨四方。我双手捧着这本诗集,深深地吸吮着艺术的芬芳。•
>
> •《板极道》•

与当时退役返乡的版画家下泽木钵郎相遇,成为他日后从油画转向板画发展的宝贵铺垫。

前一年退役后，我立志当画家，正专注绘画。那个夏天的某日，走在浅虫到野内的路上，被一个头戴画着"骷髅"大檐帽的人叫住了。他自称松木，但我想不起来。他说那年春天在青森红十字社举办的县内人士展会上见过面。他现时住在野内，我跟他去了他寄宿的地方。只记得是栋二层楼的木结构房子。那天赶上周末，听说栋方要从青森过来，我也决定恭候。

天黑了以后，期盼的人来了，栋方大汗淋漓，气喘吁吁，精神头却十足。

据说他是在法院边做杂役边学画。他说从青森一口气跑到这里，不愧为一气呵成之势。吃饭时，那又似风卷残云，松木自炊的锅很小，马上见底了，所以重新烧饭。他自称"胃扩张"，食欲旺盛。无论在工作还是日常生活上，这套作风至今不易。翌日我们登上野内郊外那座有神社的山，将三人的名字刻在神社境内的树上，誓为登上帝展的殿堂而奋勉。

下泽木钵郎《大正十三年前后》

青森到浅虫有 12 公里。他跑到在此地疗养的松木处留宿，一边写生周围的风景，一边吸收着新的知识。

这样，栋方志功作为画家走出去，已经万事俱备。

那个时期，对文学感化也敏感的志功，与古藤、松木共同组织了文学研究会，名曰"貉之会"。志功当时有一首和歌，以石川啄木一流的语气深情地歌咏土风，透出真挚的乡情和对桑梓的恋恋。

合浦海滨松原远
沙滩玫瑰故乡花
［志功］

扇としとまり
けり
ごりと
の

成为
版画家

3.01 进京

蓄志当画家自立,意味着进京入选帝展。这是当时在地方上想混到个画家头衔的唯一途径[这种风潮犹在,地方报或大报地方版面至今仍公布该年日展[A]的入选者氏名——今天虽没有官办展览,但有官展的山寨版]。

志功打算去东京。杂役干了五年,也有转正的资格。工资虽然提高,但对工作时间有严格要求,腾不出时间画画了。

[A].
最初为1907年设立的文部省美术展[文展],1919年改组为帝国美术院展[帝展],其后又改组为新文展,1946年改组为日本美术展[日展]。最初有日本画、西画、雕刻三个门类,1927年增加了工艺美术,1948年增加了书法,由此成为综合美术展。1958年后改为民营,设立社团法人日展;2012年转为公益社团法人。日展至2006年一直在东京都美术馆举行,自2007年转至"国立新美术馆"。[译注]

"栋方眼力不济，打扫卫生也马马虎虎。既然他说想去东京学画，干脆把他送到东京去。这才符合本所传统，让杂役的脸面有光。"律师们为支援他开展了募捐。志功前任的杂役就是到东京做了文士。

集资相当成功，1924年春，"貉之会"上演由志功主演的《道毛又之死》，为他进京壮行，举行了盛大的欢送会。

"做个入选帝展的出色画家回来见我。"这是父亲幸吉对画痴儿子的临别赠言。

进京也许是无谋之勇，但纵令志功留在青森，一个只有小学学历、眼力极差的人，日常行动尚欠机敏，恐怕终究一事无成。

条件最差的志功在同伴中首开进京先河，意味着他与普通人之间的悬殊落差，对他来说完全不在话下。从一开始就是背水之战，要在那里求生存，唯有走深挖自身激情根基的艺术表现之路。

志功没有熟人，投靠无门，只拿上给中村不折的介绍信就进京了。他到上野后马上扣中村不折的门，然而出来的女佣却把他拒之门外，佯称先生出远门了，并谓：像你这号人，每天来好几个。也许志功其貌不扬，说话时，方言难懂，还扯着嗓子叫嚷，所以不招人待见，拿他没办法吧？

东京的学费，说好由伯母和当巴士司机的哥哥各出10日元，每月从老家汇来，但这点钱只够交房租的。

他在修鞋铺干过，和朋友搭伙卖过纳豆。嗓门大的志功专司吆喝"纳豆——纳豆——"，有人招呼了，同伴就过去送纳豆、收钱。然而生意再火，卖纳豆也无济于两个人糊口，很快散伙。

最好还是找个管吃管住的活儿。他通过关系，找到位于曲町的教材地图制作所。那儿的老板批评他蓄长发装蒜，让他剪了发再来见，于是他立刻去了理发店并快速折回来，受到老板表扬，曰"良玉可琢"。过去用人时喜欢对发型说三道四，好比夸小孩子时摸摸脑瓜、拍拍打打的感觉，大人有这个习气很是有趣。有个词曰"切磋琢磨"，是一句成语，切是打造象牙，磋是打造玉石，琢磨则是分别打磨。志功有个时期签名志 ，是"切"的异体字，推想是对这段教训念念不忘而为。

志功进京踏上新征途时记住了两句话，一是在中村不折家门前碰了一鼻子灰时冲口而出的"等着瞧！"一是剪掉在家乡信以为艺术家象征的长发后被录取寄宿工作这天的"良玉可琢"。

·

此后走的路,即是他对这两句话刻骨铭心的历程。

·

据说那会儿他出门替人跑腿,不懂坐公交车,连车站的概念也没有,所以进京后行动半径一直在步行所及的范围吧。但对于从青森到浅虫每周往返12公里练就的脚力,这算不得什么。

·

他说,自己也不会问路,见电车在岔路口附近徐行,心想是时候了就往上跳!但跳上去后又被甩了下来。

·

即使遇到再难堪的经历,他都能唤起"等着瞧"的不服输精神,并以"良玉可琢"的戒慎之心闯过去吧。然后,他把自己关在屋里,埋头在莲香木的写生板上涂抹油画颜料。

·

在帝展连连落选期间,志功丧父。父亲去世前夕来信说:"志功儿,你画老虎参加帝展吧。就叫虎与竹,要画上竹子。画上常见粗壮高大的竹子,老虎这东西不在那种地方。记住要画它出没在山白竹那种竹子丛生的原野上的姿态。保准入选。"

·

这才像淳朴的乡下手艺人、为父者殷切的可悲建言。

然而,其时志功正请颇负时名的同乡画家桥本八百二之妻、以女画家闻名的桥本花子为他看作品。她的建议是"在素描上再下点苦功",这让志功第一次在自己的绘画方向上困惑。这正是帝展上一再落选的症结所在。

在当时的学院派西画坛,自黑田清辉引进外光派以来,都是以消化写实主义为主流命题,目力不济的志功被梵高的色彩观念激发摩荡的飞扬画作,在评审员眼里无异于素描不到家的粗暴之物吧。

即使在这样的境遇中,志功踏实肯干的真性情,与他在故里时得到职场的律师们支持一样,赢得了经营药铺的年轻夫妇的支持,象征性地买下他的落选画作。志功又通过这家药铺的关系,拜访伊原宇三郎请他给看画,那时伊原建议"搞版画试试"。这恐怕是姑妄言之,即针对油画的奔放,画家时而会建议学画的学生进行雕版训练,从中学习有制约的构图感觉。多年后,栋方志功被选为威尼斯国际美术双年展〔La Biennale di Venezia,下文简称"威尼斯双年展"〕的日本代表之一参展时,是伊原宇三郎力荐的,伊原却忘了曾与志功见面并建议他搞版画的事,经志功提起来反倒让他难为情,建议时的情景可想而知。

那时，他在下泽的参谋下购得木版画工具，开始制作的是明信片大的风景画，紧接着在接纳版画参展的第二次国画会展的展厅，邂逅了让他对版画制作刮目相看的作品。那是川上澄生的版画。"想成为风/成为初夏的风/拦在她的身前/从她的身后吹拂/想成为初夏/初夏的风。"

高23厘米、宽35厘米，四色套印的木版画。画面中央，头戴羽毛装饰帽、身穿长裙的西洋风贵妇，在风中一只手扶帽子，一只手撑阳伞，拟人化的风在她周边用力地舞动，天空飘着树叶，地上青草摇曳。以时髦的香气呈现出梦幻般的构图世界，与桥本花子所说的素描不一般，较之油画又别有洞天。澄生的《初夏的风》，堪称向志功毕生之路吹来了灵光之气吧。其时，澄生尝试了不少可谓"风系列"倾向的作品。

1928年，志功如愿以偿入选帝展，在下泽木钵郎的引荐下，拜访了当时版画界的领军人物平家运一。这样一种处事方式，才见志功精进不息的真实怀抱。既然对家乡父老发誓了不入选帝展不回家，就连父亲的死也不回；即使对帝展的评审方向、帝展的绘画识见心存疑念，仍然非入选不罢休。

据说送交入选作品时，他在题为《果园》的25号作品背面封入善知鸟神社的护身符,祈祷作品入选,然后用他那把阳伞挑着就出门了。

> 去看帝展的发表时,我准备好了车钱。每次如此,打算一入选就直奔青森。当上野森林的夜空响起我的名字,宣布入选帝展的一刻,我的腰不自觉地软绵绵的,一屁股瘫在地上,心里一直在呼唤着父母的名字。父亲在我进京第二年去世。——我从青森车站直奔父母的坟茔。抱住坟头,向父母道歉:"不孝的儿子来迟了。"涕泗滂沱,全身的力气一下子被抽空了。
>
> 《板极道》

报告了梦寐以求的帝展入选,荣归梓里的志功,这次回去有两大收获,一是与终身伴侣千哉相识,一是畅游龙飞岬,尽情描摹了津轻的风景。

回乡前后,志功开始与松木合住——松木进京后,在中野区的沼袋建起了工作室。因为觉得南腔北调的外地人凑在一起更快活,所以他们开始了共同生活。

那个时期他到上野的美术馆送参展作品,就是用阳伞柄挑着画布,从中野徒步走到上野送去的。

3.02 版画开眼

通过川上澄生迷上了版画的志功,把立着大宽领、裙子被衬裙鼓起来——权且谓之贵妇趣味的西洋妇人像,制成了小品版画。

《威廉射箭》,这幅发表在当时平冢运一、前田政雄、畦地梅太郎、德力富吉郎、下泽木钵郎等创办的版画同人杂志《版》上的小品,即为突出反映志功这个时期倾向的作品之一。

11厘米见方的小幅画面,不过比藏书票大一圈的小品,但较之澄生的作品更追求纹样化,女人头上顶着的苹果,与环绕女人的、在轮廓线的四角置圆相照应,宛若将轮廓作小屋看,左侧竖牌匾形的纵长图块,上书题款"威廉射箭……"。

有意思的是,题款被茶色颜料一笔涂掉,立着的女人脚处也用墨修改过一笔。对这样的胡来,《版》的同人们想必瞠目结舌了吧。志功后来的上色毛病早有案可查,被视为不守矩矱、因重视表现而生的行为。尽管取之于人,但又另类于澄生版画的个性,锋芒毕露。

刊于1928年3月《版》第三期的《阳伞映夕阳三贵人》，是贵妇趣味版画的首次亮相，并持续至1931年青果堂结集刊出的版画集《星座的新娘》。《版》于1929年7月出版第八期藏书票专辑后废刊。话虽如此，这本来也只是限定50部、同人们自娱自乐的刊物而已。

·

最后一期上，志功刊出了自己的藏书票，写作MUNEKATA［栋方］藏书。而1930年后的《贵女行路》上写成了平假名的"むなかた·はん［栋方·印］"。他把志功改成志功，晚年一个时期署名志昂，透出他连名字也不喜因循趋故，而是依心气此一时彼一时，作为一个个自身的表现揣摩的脾性。

·

《贵女行路》是四色的木版套印。连版上的刻字都肖法澄生，句子亦仿《初夏的风》口气，其全无惧色的勇猛吸收力，现在看了仍令人心惊。

· 沿此路走的人 ·
· 前行者挡道 ·
= 后来者滔滔 ·

在画框状的轮廓线内刻字，钤"むなかた·はん"［栋方·印］收敛文字流。"前行者挡道"，诙谐欣快地道出志功的斗志，而"沿此路走的人"则是摩武者小路

实笃"沿此路走下去,惟此别无活我之路"吧。

·

《星座的新娘》集12件贵妇趣味的小品版画,定价1日元20钱,限定出版百部。书中还可见"都都逸"[俗歌]调,踵澄生"想成为初夏的风"感觉的诗:"花乎蝶乎/花乎蝶乎/蝶乎花乎/来也搅得人心神不宁。"

·

对于志功来说,版画权且是鬻画驱饥的手段。他开始沉迷于版画制作时,还让房东把五烛光的电灯换成了十烛光。这也是急于把回乡报告帝展入选时认识、有婚约的千哉尽快接到东京的心切使然吧。

·

然而,看来销路并不理想。在《星座的新娘》发行的同时,他就彻底告别了贵妇趣味。

·

其后一段时期,他以作油画的姿态作版画风景。油画亦不懈怠,从千哉进京团聚前的1930年到1933年,先后摘取东光会、白日会、圣德太子奉赞纪念展等的FG奖、白日奖、推荐奖等。

·

1931年4月,志功在神田文房堂的画廊举办了油画个人展。他用10钱三根的鱼糕当菜撑上一周,或嚼一根鲱鱼干儿挺三天,没味了干咂又挺三天,过着这样的日子还能够办展览,还得说那个时代好啊。

志功多年后谈起此事，提及近来年轻人办个人展，又是场租又是画框费、请柬印制费、邮资等，非有几十万日元整数的存款休想发表的风潮，感怀自己生也逢辰的幸福，若放在今天，他要当画家是门儿都没有。当时，有画廊的西洋画商和收场租的画廊尚属稀有，就那么两三家喜欢美术氛围的经营者辟出商店一角，提供给他们喜欢的画家发表而已。

听说那阵子下泽没钱过年来找栋方，不巧栋方不在，看着空荡荡的屋子，他知道找错了门，留下诗一首告退，曰："一文不名访吾友，友贫如洗何堪哀。"

志功在首次个人展使出了浑身解数，搬出迄今的全部油画，陈列期间更是画兴大作，在挂墙的画布上连夜作画，却无甚成果可言。

六月，长女阿镜在家乡出生；翌年，千哉等不及，背着孩子进京来了，一家人权且安顿在六叠[A]的一室。据说开始时的早餐，夫人在当菜的豆腐上点酱油，志功还气呼呼地说不要浪费！酱油是酱油，豆腐是豆腐，都当菜。

这样的日子，承受着世间的常识难以想象的窘迫，却硬要出版手拓画集、办个人展，这意味着什么？不能不发人深省。在夫人心目中，期盼栋方以画家名世是活着的唯一骄傲,她在坚守这个生活中,一定养成了隐忍坚毅的生活情感吧。

1932年,栋方以《越后龟田长谷川邸后花园》的版画,获国画会奖励奖。摆脱澄生的影响后,这个时期表现出与平冢运一、下泽木钵郎的版画倾向一脉相通,线条粗犷、强调版效果的作风。

1933年,《版艺术》推出栋方志功专辑。发行500部在当时算多的,定价50钱。平冢运一、恩地孝四郎、川上澄生,以及主宰该杂志的料治熊太各具专稿。

[A].
"叠"为日本房屋计算面积的方法,一叠为一张榻榻米,如此类推。一叠的面积依榻榻米的种类会有所出入,一般约为1.6平方米。[译注]

- 那个偏爱制作星座之类的栋方君，恰似那位身着燕尾服的栋方君，而下期［《十和田·奥入濑》以降］即近来的作品，则是穿藏蓝碎花布衣的栋方君。二者无疑都是真栋方君，而我更喜欢藏蓝碎花布的这一个。

- 平冢运一《栋方君》

- 看那海那溪流那天空，到处充满闪光的电波。它透过泡沫，谱写出微妙至极的诗篇。这是以往绘画的世界难得一见的技法。而它恰恰通过版画技法得到最有效的表现。你独辟蹊径，把版的功能发挥到了极致。
- 那突兀呆板的线汇集而生的回味无限的世界，它表述的自然之玄妙，这一切让我总要感谢作者志功栋方君。

- 恩地孝四郎《志功栋方氏的世界》

而初期被狠狠地模仿了的川上澄生，则显示出前辈应有的幽默的宽容。

> 直到那阵子,栋方大概还患有贵妇、贵女、花蝶病吧。我似乎也有类似的病。
>
> ——川上澄生《星座的新娘》

配合这期专辑,白与黑社也以《北方的花》为题,刊行了原版版画集,收入十帧明信片规格的作品,限定20部,售价10日元。

志功开始制作版画以来,历1928年贵妇趣味、彩印木版时期,1930年风景小品时期,分别留下一册版画集作为记录,并于1935年因发表了把描写的笔致装饰化、别开生面的《万朵谱》,被推荐为国画会会友。当时该会的版画部会员,只有平冢运一、川西英两人,然后就是新加入的志功。

至《版艺术》专辑为止,显然系习作期。

刚开始制作版画不久,志功在同人杂志《版》上发表了题为《格》的感想文。

印制雕在版上的东西。版画生现。画笔无法表现的心被通透，本心的真实沁入含湿气的和纸。这个过程，不亚于走笔的喜悦。那里有"格"。

泰然自若的格。我向版画追求这个好创作的格。

它与运笔的创作氛围不同。为什么？多么诡谲。多么神异。那里有摩诃不思议。那是唯有版才有的蕴藉风神。是好创作的至高格调。我要向版画追求这个绝对的格。

二五八八·十 志功

二五八八,是今天已被彻底废弃的皇纪年。翻开战前刊行的读史年表,可知以神武天皇即位为元年,直至皇纪一一一六年［456］之前的事件栏都是空白。第二次世界大战,时值国粹意识甚嚣尘上的皇纪二六〇〇年翌年,即1941年开战。可见志功对时势空气有多么敏感,而这篇短文却昭示了他对版画的自负,全然不似初学者。

3.03 创作版画运动

这里，先回眸志功对西洋画坛的状况疑惑，加大对版画关注的当时版画界的背景。

昭和初年［1925］，通过公募展接受版画参展的只有春阳会和国画会两家，春阳会以前田藤四郎、国画会以平冢运一为核心。1931年1月日本版画协会成立，冈田三郎助任会长，帝展自此才开始接纳版画。

- 首先帝展接纳版画一事，始于织田一磨向帝展提交自己的作品，却以征集规程项目阙如为由被拒绝。他立即诉诸行动，以请愿书形式提出动议，通过冈田会长呈帝国美术院会议，请求合情合理，因而被接纳。但限于编制，版画权且被并入第二部西洋画另立项目。虽不能尽如人意，也只能见好就收。随之，协会会员踊跃向帝展送作品，结果不出所料，质量欠佳。
- 第二部评审员当中，多为对版画有成见、不怀好感者。但版画家的力所不逮，亦当在考量之中。总之，昭和七年［1932］首次展陈数件版画，开启了被接纳之途。

在当时的大环境下，作为纯艺术版画，仍不被普遍认知，甚至有一评者发愚论，谓版画缘何不纳入工艺部门。

《第十届版画展目录》
——日本版画协会十年回顾

使"版画之国"日本在19世纪末的欧洲名声大噪的浮世绘，是大量以雕版印刷的大众版画。初印200张后，视受欢迎程度，同一块板木再印五次各200张为初版，所以再版、三版就售出几千张了。

它是与今天的印刷复制概念相同的大众性普及品，而与今天不同的是，那需要浮世绘师即坊间画师制作原画，雕版师制版，印刷师配颜料、染料，印刷成画师指定的颜色和调子，三者默契配合的产物。今天的印刷复制，是印刷出近似所选原画的效果，而浮世绘版画却是参与制作的三种专业工匠共同研究完成，这种独特的方法相当发达，从而，在轮廓内的平板色面描写发达起来，产生了从法国印象派到后期印象派画家们汲取滋养的要素。

然而，受众的平民百姓并未把版效果的独特性作为美术作品鉴赏，进入明治时代开始讴歌文明开化后，反而更青睐西洋的铜版印刷、石版印刷的密度。浮世绘版画的独特性，轻易摆向了多版复制的精美印刷画的方向。

·

1877 年举办的第一届国内劝业博览会上，展出了写生江之岛、富士见山口的淡彩石版。其技法迅速被导入锦绘市场，美人画、风景画、风俗画、历史画等，都成了西洋画家把玩的余技。

·

1888 年，《朝日新闻》作为附录，印行了以西洋的木口木版画技术制作的盘梯山破裂图。这是山本芳翠第一时间赶到现场写生，并由合田清雕版制作的木口木版画。

·

版画与报纸互动，使我们联想起法国革命前后杜米埃等人开展的活动，遗憾的是它在日本竟朝着预示摄影普及的方向发展。而且可以说，此类新技术的出现，严重降低了社会对版画美术性的认识。

·

版画协会回顾记录中所见的工艺的概念,即源自这股潜流。

·

针对这一状况,一个名称独特的"创作版画运动"应运而生。首先见之于1906年由小杉未醒、山本鼎、石井鹤三等创刊、仅五期废刊的美术杂志《平旦》,然后有1907年由石井柏亭、森田恒友、山本鼎等创刊的美术杂志《方寸》。

·

其中"刀画"一词尤为醒目,是山本鼎、石井鹤三发表的自刻木版的名称。而倡导自画石版的是织田一磨。

·

这类活动激发年轻版画家跻身诗集、小说刊头画、封面装帧等领域,特别是进入大正时期,文学界开始流行非自然主义文学,随着蒙克[A]、比亚兹莱[B]的版画在日本国内引介,一批以自画自刻自印——这个词的特殊意义在于,强调与锦绘的复制性一刀两断,即摆脱原画、雕版师和印刷师的工匠作业——的木版画讴歌幻想风格的作家脱颖而出。

·

以版画建基的这批人，在一心一意消化写实主义的日本现代美术史上留下了异色的一笔。他们包括集结在同人杂志《假面》周围的长谷川洁、永濑义郎，以及创建了月映社的恩地孝四郎、藤森静雄、23岁英年早逝的田中恭吉等作家们。

当时的创作版画几乎都是木纹木版，这似乎是出于如何与锦绘版画划清界限的需要——锦绘版画巧妙地利用樱木坚硬的横切面，作为版画的潜流仍然根深蒂固。用柔软的木纹木版，写实性会被削弱。即使是写生性质的作品，也会产生脱离写实性的效果。平冢运一、南薰造、冈本归一、富本宪吉、户张孤雁、小林德三郎等发表的即为此类作品。

[A].
爱德华·蒙克［Edvard Munch, 1863~1944］，挪威画家和版画家，现代表现主义绘画的先驱。［译注］
[B].
奥伯利·比亚兹莱［Aubrey Beardsley, 1872~1898］，英国画家与平面设计师。其作品对线条的运用和黑白画的创造性十分出色。鲁迅对其艺术大加赞赏，早在20世纪20年代就介绍到中国："视为一个纯然的装饰性艺术家，比亚兹莱是无匹的。"［译注］

后来成为陶艺家的巴纳德·理奇[A]，以蚀刻［Etching］一词让人们认识了铜版画即为创作版画。明治末年，冈田三郎助也尝试了铜版画制作。

现在旅居巴黎、被法国政府授予艺术功劳勋章的长谷川洁，大正年间经美国辗转巴黎，在当地为铜版画的魅力倾倒，完成了独特的精湛技法，其步履很早就显露了独有的姿态。

[A].
巴纳德·理奇［Bernard Howell Leach，1887~1979］，英国陶艺家、画家、设计家，与日本白桦派和民艺运动关系密切。
［译注］

致力于推广铜版画运动的是西田武雄,而石版画的普及,则首推 1922 年来日的俄罗斯女画家瓦尔瓦拉·巴布诺娃 [Varvara Bubnova, 1886~1983]。

山本鼎于 1918 年设立了日本创作版画协会,会员有织田一磨、恩地孝四郎、石井鹤三、田边至、户张孤雁、平冢运一、前川千帆、旭正秀等。为了进一步团结四散各处的版画家,振兴版画普及运动,1931 年以该会为母体的日本版画协会宣告成立,时期与志功开始深度关注版画一致。

志功板画
绽放

4.01 从习作期的蜕变

习作期的修为与由此迁蜕的状态，最能体现一个作家的素质。

·

立志当作家的人，为了确证自身内部表现意欲的本质，会效法先辈作品，反复习作。是从感兴趣的对象汲取精华化为我有，还是陷入陶醉的试错中？倘若一再迷失其中，就无从拓展作为作家属于自己的空间。

·

作家一词，本来就是自建旗鼓被赋予的头衔。

·

对于栋方志功而言，入选帝展的朴素目标是为了让人承认自己是画家这块料的阶段，是拼上了全部生活的最大门槛。而挑战这个目标时的滋养，来自风筝画、灯彩绘以及印刷复制的梵高作品，这些就是他绘画知识的全部。

·

在美院科班毕业的才俊竞技抒怀的官办展览会场，他的出现显得格格不入。而且其天赋的画才，首先闯过了这一关，并在几个画展中获奖。

·

在他对版画开眼的时期，通过来自各展会作品群的刺激，灯彩绘、风筝画和梵高的滋养，愈发凝练出有效成分。对油画的疑惑，让他生出大胆而率直的感想：其实日本不过处于吸纳西洋现代新知的总习作期吧。

- 从那时起，我对帝展办油画的方针产生了疑问。油画有一种让人莫名的东西。那是什么呢？这个疑问缘何而生呢？
- 当时，日本西洋画坛是和田英作、中村不折、中泽弘光、冈田三郎助、藤岛武二氏等大家的一统天下，参加帝展的西洋画家全是步其后尘者，而我偏偏认准梅原龙三郎、安井曾太郎二位先生，以他们为堪当西洋画坛的两座雄峰。可连圣人如梅原、安井二先生，不也是洋人的弟子吗？——身为日本人，我认为只有日本原汁原味的工作才见真功夫。我狂想着拥有自己开创的属于自己的世界。
- 我眼力不济，连模特身上的线条也看不清，干脆一辈子不用模特。心里祭奠着美，我就画它。

> 没有老师,没有足够的财力买材料。但是,我想找到一种排斥西洋画所说的透视法、建立在布局法上的画业。为此必须抓住对于日本孕育的绘画最要紧的东西,抓住日本的灵魂、它的执念,抓住那命根子的东西,否则没有我的志业可言。——就这样,我让青春的激情炽热燃烧,鞭挞砥砺自己,悉心寻求自我定位。
>
> 就在这时,脑子里闪出一个天启或叫火球,光焰燃遍我的全身。曾几何时令我把画涂成一片红的梵高,这时也是领路人。梵高发现并高度评价、赞不绝口的日本木版画,不就是现成的吗?对!就是它!用版画去表现!将自己的全部交给它。
>
> 《板极道》

这是他功成名就后自传里的抒怀,所以表现出另一番雄心,但基本上可以认为,他不是与油画本身诀别,而是告别西洋画坛这个画家群体。他断言,那藩篱中无非聚集了挥舞新知的势利小人,阻碍着乡野一匹狼的前程。

反之，版画却处在黎明期，看不到太多人走在前面挡道，后来者也未必滔滔。志功看到了可以安身立命的坦途，在表现上也有优势，即摆脱了他在本质上不擅长的写实性，端看他怎样用力。

国展会场方面也提供了由平冢运一负责，面积虽不大却是版画专用的展室，仅有的两名会员在这里可以得到足够的布展空间。如果做油画，他就无法奢望如此厚待了。这种来自很世俗、直觉的自我定位的判断，应该让志功对版画寄予了无限希望。

尽管以文明开化风格的多色木版尝到市售的甜头,又以写生风格的风景木版画在版画专业杂志上出了专辑,但是备受先辈呵护的志功却全然不介意别人说了什么,只把它作为习作期一心图变。正像进京时的目标为入选帝展一样,这时的目标是成为国画会会员。

4.02 志功板画

志功向第十届国画会展送去五件作品,《万朵谱——樱花》《万朵谱——矢车花》《万朵谱——藤花》《万朵谱——杜若花》《万朵谱——松、竹、梅》,被推荐为会友。

这个作品系列分别为 40 厘米见方的画面,摒弃了以往线条生硬的刀效果,功夫下在发挥运笔特有的柔韧笔触流线上,以一色墨印突出纹样之间的萦带效果。这样的版效果,在以往的版画界前所未见。这是志功多年后扬弃版画概念,号称板画［1942 年以后］的作风特长的首次问世之作。

出展之际,特别在一个画框背衬上置三个窗口,竹居中,左右布局松梅,为进一步提振各自图纹化构图的效果,另在左右独立各置两幅花图。

紧接着,志功在翌年制作了《大和秀美》。这大约是自《万朵谱》尝到了占据墙面的会场效果的甜头,经过自己独自计算,成心要以横幅垄断整面墙的版效果吧。

其时，恰逢自家乡奇遇以来过从甚密的福士幸次郎寄赠他诗歌杂志《新诗论》，上面刊登了佐藤一英的自由体叙事诗《大和秀美》。题材取自《古事记》的倭建命，是歌咏他远征的骁勇以及与美夜受姬、弟橘姬、倭姬恋爱的长诗，这首诗极大地刺激了志功对浪漫梦想的表现欲。

·

一方面，当人们按常规记作昭和三年［1928］时，他却迎合政府为皇纪二六〇〇年庆典造势、弘扬国粹意识的调门，用二五八八年——所谓识时务的本能也在直觉中起作用吧。

·

武者画和美人画，也是志功儿时已烂熟于心的画题。

·

他还通过《版艺术》接触会津八一的书法，开始掌握文字的书法表现。顺带说，《版艺术》创办人料治熊太，是从会津八一发行《鹿鸣集》当初的早期粉丝之一，《版艺术》的题字也用了会津的挥毫。

·

试比较《贵女行路》轮廓中仿澄生的字和《大和秀美》中镶嵌的文字，一望可知他如何深得其妙。文字追逐诗，穿插图绘，制成绘卷风的长卷作品——这正是志功瞄准的目标。

·

于是，这件26厘米×37厘米，多达20件的作品完成，横排嵌入两个画框，于1936年春搬入国画会展厅。其时，国展工艺部负责人之一滨田庄司[A]出现在会场，就像在恭候这件展品。对前一年的《万朵谱》兴致浓厚的滨田，惦记着那位作家今年有何建树，特意来看看。这对志功来说是天赐机缘。其时，前辈正要志功把两个画框的其中一个搬回去。也许是像画卷一样铺展开来、垄断会场效果的意图招致了反感。

经滨田邀请到场的柳宗悦[B]出面调解，达成妥协，以两排的方式展陈。原想一字横排却不得不两排悬挂的妥协，也许让志功感到不忿，他以翌年参展作品的行动做出回答。从这个时期起，原来嘉尚志功版画的版画界先辈们，开始对他抱以敌意。

[A].
滨田庄司［1894~1978］，日本著名陶艺家，民艺运动最具代表性的陶艺家，日本民艺馆第二代馆长。1955年获第一届重要无形文化遗产"民艺陶器·人间国宝"称号，1964年获紫绶褒章，1968年获文化勋章。［译注］
[B].
柳宗悦［1889~1961］，日本民艺运动的宣导者，著名民艺理论家、美学家。日本民艺馆首任馆长，日本民艺协会首任会长。1957年获"文化功劳者"荣誉称号。著有《柳宗悦全集》。［译注］

恰成反比的是，他通过《大和秀美》的机缘，得到民艺协会的人们亲密的支持。而与民艺的不期而遇，对志功其后的路显然有利弊得失。既得益于民艺这个生活工艺集团在生活上的基本保障，也因此被圈定在"民艺作家"，形成为美术界不屑的惯性。

·

总言之，在《万朵谱》通过笔线的萦回婉转发挥出装饰性效果的志功，在《大和秀美》上将文字纳入了版效果。这幅作品，有生以来第一次给他带来50日元纸币整数的收入。柳和滨田叫来同道河井宽次郎[A]商议决定，由民艺馆出面收购这幅作品。是年一月，位于驹场的日本民艺馆刚刚落成，伴随开馆得到的捐款等购置经费也宽裕吧。

·

之后不久，志功被河井宽次郎带到京都五条坂的河井家研修。志功受邀时没敢说自己有妻室，因此也没提过生活境遇，只是盲动地跟河井去了。

[A].
河井宽次郎［1890~1966］，日本著名陶艺家，民艺运动最具代表性的陶艺家，不求名利，拒受"人间国宝"称号和文化勋章，一生无位无冠。著有《六十年前的今天》《火的誓言》。

［译注］

> 直到这时,我还没有说我和千哉是夫妻,也没说有孩子的事。我不想让这些先生认为,工作还没做好就已经拖家带口,而想让他们看到与实力不足的自己相称的状态。我为自己不近情理的邪念、自私、虚伪感到羞愧,觉得对不起千哉,也对不起孩子们。——原谅我吧,对不起你们!

《板极道》

就这样他在河井家 40 天,住在理奇曾经住过的房间,每天听河井宣讲禅宗典籍《碧严录》的故事。那不是艰涩难懂、装模作样的上课,而是在不受拘束亲如一家的氛围中,站在同为作家的立场上的讲授。

> 从前,中国有个供养了一位年轻修行僧的老婆婆,她有一女。僧人每天在她家食宿、去禅院参禅。不久道心增长,按照日本的说法就是要去本山级的戒律严明的寺院修行了。这位僧人临动身时,老婆婆回头看着难分难舍、眼泪汪汪的女儿,说:"你看看她的可怜相。据我一直以来观察,这孩子是真心爱你。分手时起码拉拉她的手吧?"听到老婆婆出人意外的话,修行僧道:"哪里的话。我的身体好比严寒中倚在冰冷岩石上的枯木。我正在修业,毫无与恋情、爱慕相通的世俗情感、热情,丝毫寻不到这等东西。正是'枯木倚寒岩,

三冬无暖气'。"

老婆婆听了气不打一处来，斥曰："你这个白眼狼，这个没心没肺的和尚。我这么多年早晚尽心竭力地供养你，以为在生活中渗透了佛界的玄机示你，怎料你是这么个冷血汉？我没打算在家里供养个负心的和尚。这是我的奇耻大辱。实与我心相悖。我没有这样示你。恃才傲物不可能真正修得佛道。心中无爱不能见真佛。我这儿出了这么个不识佛性、不通人性的家伙是我的耻辱。赶快给我滚！"

年轻僧人被老婆婆骂了出来，云游四方。又过了几十年。老婆婆和姑娘一直忘不了僧人的面庞。一天，一僧来访。看上去那么强健、丰满，仪表堂堂。他就是当年从这家出去修行的僧人。老婆婆怀着喜悦的心情欢迎他，热情地款待他。这时，她又像几十年前一样，重复述说女儿的真情。

于是，僧人这次笑答："枯木倚寒岩，三冬无暖气。"

虽然以前和现在说的话一字不差，但内容焕然一新。这是懂得了佛性并忘记它，超越人的喜怒哀乐，超越性别的话。僧人并非说理，而是抵达其境界，觉悟溢于言表。老婆婆和姑娘都安心了，合掌施礼。河井先生讲完补充道：所以，归根结底，因人的境界不同而不同。年轻时浮躁，不计后果，任性蛮干，但心性一定，便能海纳百川。无论禅还是工作，道理也是一个。年轻时操之过急，反而偾事失机。人是在不知不觉间趋于成熟、圆满俱足的。当然，先生为了让我们年轻人好理解，对前面老婆婆和僧人的掌故也在思考过程中重新演绎过吧,这个故事始终渗透到我的工作中,生生不息。

·《板极道》·

志功每天听的是这样的故事。没有受过多少学校正规教育,没有以知识的形态掌握常识的志功,总是最质朴地、拼命地吸收在某种机缘下受教于人的东西。它与体内过剩的表现欲打通接合,尤其强烈吧。

《大和秀美》之前,其自我主张的表现效果是放大喉咙一路吼过来,然而逗留京都40天,他对佛心这个他力的世界打开了眼界。河井以禅语录为例,向他灌输自我意识的局限、万物互依互缘、自他一如的世界观。这时,志功初次体验了抹茶的雅趣、作法,以及日本教养奠定的生活之美、之熨帖。

回到东京的志功,将这时的触动倾注到大作《东北经鬼门谱》的制作上,他的思绪驰向故土——那是因生活无以为继,哪怕身边的、其出生之乡国的、宝爱的孩子,也必须断送、宿命的人业世界,那是一年有半年笼罩在暴风雪中、晦暗贫瘠的生活。志功出于作为作家的自我显耀欲,加之眼见自作《大和秀美》被挤成两排时难以抑制的"等着瞧"的反弹,使他要求有高度和有宽度的画面构图。

·

《东北经鬼门谱》是由120张一尺见方的板木拼接、"六曲［扇］一对"大作。

· 工作不能以等同为基础进行。说我要出这样的结果呀,我想这样做呀,是不能用自己的尺度去衡量的。我是这样想,也是这样做的。我想来个无与伦比的愚蠢、根本找不到答案的世界。这又是我第一次想以佛体入画的板画,在这个意义上是有益的尝试。我是东北人,而且是在东北最边陲、冬长夏短、苦难深重的土地长大。那里的百姓即使辛勤耕作,收获也少得可怜,夏天就开始刮寒风,年复一年的歉收,是一块不知道什么叫丰年的土地。《易经》亦指东北为鬼门。出生在这块土地上,是怎样乖舛的宿命!这个宿命不是自己一个人的,而是土地承受的宿命。我在工作上寄托了祈愿,借佛力赐福给它! ·

· 《板极道》·

有若劈开六曲屏风的对接缝,居中置鬼门佛,左右对称布局多个黑袍人物,只有人物的脸和手脚为白色。频繁曝光的"真黑童女""真黑童子"二图,取自这件给人感觉长得没边的横幅作品的一部分,四尊中两尊被画成在上方游向鬼门佛状,两尊为在下方蹲踞托举的姿势,背景的余白以蔓草装饰完全覆盖,此二图充分体现了全图的特征。

·

无论是表现观念还是规模,这个取幅跨度都展示了志功作为作家对自己的忠直。

·

以规模来说,从明信片尺寸至此,其跨度几近单纯。以《万朵谱》成功演绎了花卉的图纹化,以《大和秀美》描摹了神话性人物之手,这里假佛教教诲又未至佛家的表现,毋宁说停留在沿袭《大和秀美》的民间传说人物形象上,佐以《万朵谱》式花草而就。

·

说点题外话,别府的宇治山哲平谈到他从版画转向油画的机缘。他从1935年开始向国展版画部送展版画,1938年春第一次进京参观了国展会场,目睹版画部像受气包似的只得一间小展室,而且墙面半壁为栋方志功的巨幅大作霸占,其余作品统统呈两排悬挂的惨状,目瞪口呆。相比之下,人家油画例如库田叕的作品,五件宽松地挂在敞亮的大展厅,顿感这样下去版画只有被栋方吞掉的份儿,受不了!第二年便改弦易辙了。

宇治山以翌年出展的油画《冬山》,得到当时国展的重镇福岛繁太郎的支持而受到瞩目,其后继栋方志功,首次以抽象画摘取了每日艺术奖。而这段话,既爆料了当时版画在国展的定位以及当中栋方志功的生态,弥足珍贵,又透露出有的作家登场、新陈代谢中饶有兴味的情状。

志功因《大和秀美》与民艺协会结下不解之缘,五位民艺协会干部——河井宽次郎、滨田庄司、水谷良一、竹内洁真、浅野长量,为他成立了栋方志功后援会。每人每月出5日元会费,由志功提供作品,这个模式此后持续了一年。

为此制作的市售作品、五张一套的《大和秀美》，从画面正面涂了白与茶色的胡粉。它破坏了版画的黑白效果，感觉就像绘马的泥绘[A]，因此柳宗悦建议，何不从背面施色试试，也许能既不破坏版效果，又能制造气氛。

·

志功本想以《东北经鬼门谱》走近佛家，反而描绘了凡尘的卓越人物形象。接下来他又以《华严谱》二十三图，探究围绕释迦开悟境界的神佛像。

·

他描摹的弥满画面、一个个单独的人物肖像，从顶天立地的莲花题字，到月神、风神、海神、不动尊等跃动的生命力，各自被赋予了假托自然的戏剧性表情。然而在那里，人物仍被赋予了依各自表情纹样化的背景刻线做装饰。

·

[A].
绘马是献给神社佛寺用来祈愿的木版画片。泥绘是用黏土、胡粉等泥状颜料画成的画，颜色强烈而不透明。[译注]

到了《观音经》三十三图中,约一半是只有人物做了精细刻画。同时,这里导入了上述柳宗悦对《大和秀美》指出的背彩观念,从发表时起交替在作品背面施茶色和蓝色,待全部依次展出时得到了理想的两色杂糅效果。

寄语《华严谱》的河井宽次郎,连同"遗憾的是真东西往往自严酷而生"的名言,直逼志功人性的本质,表现出朴实真挚的师徒爱。

- 人比兽还不如——已成为我们今天的常识。只要想到动物内在的睿智与本能,不难发现,与之相比,人有多么矫情。现在,我驻足在你那晶莹剔透的睿智和袒露的本能面前遐思。你身上有令人畏怯的东西。看了你的东西,心头就冒起了我们先祖曾在山野裸奔时的蛮荒之魂。你确实是唤醒隐藏在人深处之荒魂的人。你对美是比别人加倍含羞且心地美善的人,同时,你又是天地不屈的猛汉。正像你挥汗喷着唾沫有时跳起来讲话那样,你表现的东西也似挥汗喷着唾沫跳起来一般。这看着叫人痛快。然而,设若有人把你的行为或表现的东西视为野人的非礼,那必然来自洁癖、滞闷和礼仪的幽灵。你不用灵便的小刀而用大砍刀。——你有时如一阵风刮来,而且不是和煦清风,总似狂风大作,到处碰壁。你目不转睛——显然认准一点,勇往直前。过去的风神背上背着袋子。袋子里装着风,那是他的资本。而你的却徒手空拳,赤身裸体。这个风神才是你的形象。——你是有知必有行的苦行者。奋不顾身如你者才能办到。今年夏天,你的每一封明信片都在说着整天赤膊工作的喜悦。传闻其时你是嚼着咸鲑鱼在制作《华严谱》,想必嚼鲑鱼并非趣味或心血来潮吧。如此说来,这件事并不让我感到意外。遗憾的是真东西往往自严酷而生,也该着你命定如此。你总能在别人打退堂鼓的地方挺住。可你又是透底纯真的人。一想到这样的你,就让我浑身发热。

· 河井宽次郎《工艺》71期 ·

从这个时期起,志功把他的居室命名为杂华堂,并治印启用。之前一直叫眯镜画室,没有眼镜就什么也看不见,可见一种解嘲的达观。任何时代都一定要买最高级望远镜的习惯,也是这个时期养成的。

另外，同年制作的《空海颂》一反背彩的做法，为强调黑与白的绝对效果采用了拓印。主题取自与《大和秀美》同一诗人佐藤一英的字母诗，文字与绘画参半。刻字时若按常规印刷必须左右相反，为了避免由此产生的、堪称版画癖的文字单调性，他用心发挥笔势的动感，以刀代笔，运刀成字。

拓印，是在雕板上铺纸，于纸上刷墨，不会像普通版画那样变成逆版。这种想法来自民艺协会在伊势丹举办的琉球展，他在那里看到世持桥及观莲桥的石栏拓印，"第一次见到活用浮雕拓下来的东西"而受启发。

就这样,志功找到板画为实现自己表现欲的最佳平台,在这个框架下寻找最有效的主题,探究前所未有的技术效果,经过三年不停歇的苦斗,竭第一期汲取的全部滋养制作了《善知鸟》,以版画勇夺帝展特选,堪称空前绝后,给美术界留下了他作为版画家的决定性印象。

·

国展版画部从 1937 年改成同人制,在迎来瓦尔瓦拉·巴布诺娃的同时,志功也晋升为同人。1936 年恩地孝四郎被接纳为会员。

·

柳宗悦的杂志《工艺》,已相继推出"华严谱专辑"［71 期］,"空海颂专辑"［81 期］,"观音经板画专辑"［101 期］。

·

4.03 戏画的源流·帝展特选

志功的生长环境——位于判若自家院子的青森市中央善知鸟神社的地界。善知鸟〔UTO〕，三个稀奇古怪的字和读音，有一种与地处本州鬼门的土风相衬的神秘。

- 善知鸟神社，是哺育我长大的时空，无论何时身在何处，那个场似乎都依附在我身上。——善知鸟村〔青森市的前称，我至今仍希望沿用善知鸟这个名字，叫善知鸟市。比起青森市来，善知鸟市的名字对这座城市不知要贴切多少倍。〕——一次回乡省亲，在即将离开的头天傍晚，适逢十三月夜，安方町的高甚家还在离现在的房子靠左手两三间时发生的事。只见变得殷红的阴森可怖的月亮里，现出了善知鸟。在善知鸟神社前那条出海的筑港防波堤上，高甚的母亲还有永三郎、春子、美代子、阿实，一帮人都在看，只有我怎么看都是善知鸟。那以后我常以"善知鸟月"作画。这种离谱的想法与其说只是心生迷障，更让人有某种挥之不去的神秘感。此后，我再也没有见过有善知鸟的月亮。

·《板散华》

倘若诗人有灵感这个形式的冥思，即以芭蕉"视物之光，务使言在心中不灭时"的呈现方式进入人的视野时，可以说，这样的一刻以过往的孜孜求索为热身，降临志功了吧。月亮中见善知鸟的精灵崇拜，带来与天地自然的接合，并化为自身善知鸟月的画题，祭奠为作品，由此让人看到志功板画的殊异可贵，而这个画题正以决定性意义来到他的眼前。

自《大和秀美》邂逅的水谷良一，成为志功在学养上依赖的先辈，志功常去他家请益，受到他的款待，接触美的事物，接受关于美的启迪。一次，水谷唱起了谣曲《善知鸟》，并舞给他看。这种契合，对于志功如醍醐灌顶，甚至超过接触民艺以来深得滋养之恩的佛教教诲。

在"能"的幽玄世界，这个与灯彩、风筝画无缘的天上世界里，自己体内脉动、血肉鲜活的乡土象征突如其来地登场，殷殷地述说着。青森市早年叫善知鸟村，市内至今有安方町，地名起源于民间流传的故事：从前一位叫安方的贵人流落到陆奥，向当地渔民传授生活智慧深受欢迎，这位夫人仁慈而有亲和力，是人称"善知鸟前"的美人，为当地人仰慕。

善知鸟神社，一说是神社水塘边建的祠堂，以善知鸟前为弁财天转世祭祀的遗存。幕府末期的剧作家泷泽马琴，在他的随笔集中引古歌"陆奥有谓呼子之鸟，啼声曰UTOYASUKATA［善知鸟安方］"，恐怕这个鸟名的离奇早已引起考证家的关注了。

中世纪的谣曲，是对散落各地的传承文艺进行整理，如织锦般嵌入当时留下的古典语言，并通俗地融入时下盛行的佛教教义而成。其中收入了东北的传承、美丽动人的善知鸟母子情，让志功感激无尽。

谣曲《善知鸟》的故事，是从狩猎的对象、一种叫"善知鸟"的海鸟说起。这种鸟的母鸟，把雏鸟藏在连自己也很难找到的砂巢中，她把食物运来时叫"善知"，雏鸟答"安方"告诉自己的位置。于是，猎人模仿母鸟的声音，捕捉雏鸟。可是这个举动教母鸟察觉到，她流着带血的眼泪不停地找雏鸟，她的泪哪怕掉在猎人身上一滴，猎人也会被活活变成幽鬼。

故事从变成幽鬼的猎人与行僧相遇开始，幽鬼拜托僧人，把事情经过告诉应该还在家守候的妻子，并将蓑衣和斗笠交给她。僧人听完故事，访到这位妻子，对她讲述生命之可贵、杀生业的无常之后继续上路。

志功的构思,是把这个短小的故事制成二十九图。

坐在半月的黑暗中、半边身体发光在等人的《坐鬼》。描写修行僧悟道时的《立山禅定》。描写象征事件秘密的蓑笠授受场面的《拜托》与《蓑笠》。幽鬼与高僧分手,成佛、惜别的《立别》。暗示僧人继承遗志,日夜兼程的《陆奥》。赶路僧的《下向》。僧人与百姓问路和作答的《寻路》《道答》。闻声开门向外张望的妻子的《访问》。收到蓑笠,母子骇异的《遗物》。僧人述说故事中猎人的《父亲》。欲抓住眼前浮现的父亲身影的《母亲》与茫然自失的《孩子》。

中间置满篇只雕文字的地方小曲《篱》:"众罪如朝露,慧日之日朗照御僧。地处陆奥、地处陆奥纵深海岸松原,垂柳与汐芦相摩之尽头,那个湖岔的篱之岛。"倾述生命之玄妙的《下枝》。射箭的蒙昧而彪悍的猎人的《获鸟》。描写身背雏鸟的母鸟、展现鸟儿们平静生活的《树上》与《水畔》。变成火球飞奔逃命的猎人的《魂》。寻子母鸟恐怖的特写《呼子》。哪怕上刀山下火海,不惜一切寻找的《越海》《翻山》。祈愿斩断烦恼成佛的《菩提》之"南无幽灵出离生死顿生菩提"的文字画面,显示生业无常的《恶业》。表示爱得切入骨髓的《化鸟》。描写猎人坠入恶报的痛苦的《恶道》。然后是肩负报应归空安心的《成道》。

这样看一遍，二十九图的黑白世界，仿佛暗示着时下流行的戏画［连环漫画］走势。有很强的文学感悟的志功，通过迄今制作的组合板画作品，创获了自成一统的板画表现法。

·

志功把完成的作品拿给水谷看，并听取水谷的意见，组《坐鬼》《下向》《访问》《树上》《魂》《陆奥》《蓑笠》《母亲》八幅，新刻韦驮天小图一幅添作压轴，以三图一排、列三排装进一个画框参加帝展，荣获了特选。帝展接纳版画参展始于1932年，当时的情况如创作版画一章所及。不难理解，凭借版画获特选奖是何等骇世震俗之举。据说在评审员中，木村庄八、中川一政等尤为支持。

·

这件帝展特选作品被装裱成三幅一组的套装，志功写"箱书"[A]，在箱盖上题"善知鸟曼陀罗九曜版画卷"，内侧题"万里水云长 慈航亦何处——皇纪二千六百年 栋方志功"。此"箱书"系题于1940年。

·

[A].
箱书：写在书画收藏箱上的题记。［译注］

就在特选消息传来的两三天前,志功的长女和长子患猩红热被送进了传染病医院隔离,痊愈了却因没钱不让出院。身为父亲,恨不得马上从那种地方把孩子弄出来,他去水谷家借30日元治疗费遭到拒绝,旋即去找位于浅草寺附近的龙泉寺住持、娶了滨田庄司的妹妹为妻的大照圆雄,借来25日元,才把孩子们接出来。

志功当即发誓,要把此人作为终生的恩人。大照圆雄和志功的交情,揭示了作家生活与友情相扶的理想状态,以及作家作为朋友的心理感受,不妨领略一下《善知鸟》当时的内情吧。

• 一到春分、秋分时节,大照就派车把我接到龙泉寺。我一不会念经,二不会待客,找我去能干什么呢?去了才知道是让我写塔婆。我用毛笔搛饱墨汁,像戏剧招牌常用圆黑体的勘亭流一样,写下又黑又粗、像要越出塔婆般的字。结果马上轰动起来,有的说看不懂,怎么像存鞋的号码牌也不留个白地!也有的说像相扑的出场排名表,写得活灵活现,呼之欲出!这样,一天下来总要写上两百个塔婆。或叫任性挥运,雄壮苍劲。其实,这是大照的良苦用心。他想让我赚到最丰厚的外快。每次分到一份布施,宽大的袖兜就鼓鼓的,我也跟着神气十足,吹着口哨往家走。——《华严谱》《善知鸟》《上宫太子板画》等,都是仰仗大照和尚的护持完成的。

·《板极道》·

大照圆雄在那个时期召开的座谈会［1939年5月］上发言：

- 栋方志功先生在这次文展二部［西洋画］获特选,成为社会名流,但他在圈子里早已是有识者所共见的人物。我们敬服的是栋方氏那罕有的、取之不尽的力量源泉。以饱满的力量拥抱一切,又不独享其乐,这个同情同感的灵性正是栋方。所以任你怎样愁肠百结,一接触到栋方,保你心中阴霾消弭,自然产生"我也行！"的心情。我总能得到这样的教益。

- 创作批评并非我们力所能及的,但他恒常保持清新的生活情感,为自己的人生架起一座座桥梁。消沉时、闷闷不乐时,我都会远路拜访中野的栋方家,让他在肩上拍一巴掌,就能重新振作起来了。

·《板劲》·

志功从那时起爱写的"慈航"二字,即观音的大慈大悲,指广大无边、无远弗届的慈悲心。同时也寓意着志功对自己生命止泊境界的向往吧。万里水云长,慈航亦何处。恰如航行在海阔天空的普世慈爱。有知识教养的人,即使有传授的知识,恐怕也昧于慈悲心——不知道割舍些许生活,救穷画家于水火吧。人生,就是扯不清的糊涂账,聪明一世与糊涂一时。不是说谁对谁错,而是志功在患难中见真情,探询慈航亦何处,坚信慈航的状态,开朗向上的坚强人格,更让人折服。

1941年初夏，大照圆雄患急性肺炎早逝。其时，天台宗僧人让志功选悼念大照菩提的院号，他毫不犹豫地选了慈航院。志功又在其枕边发誓，为报答那时绝处逢生、对孩子们的救命之恩，他死了也要叫慈航院。后来在1952年，曹洞宗管长高阶珑仙向志功赠紫络子、授他法号时，他便以"慈航院志功真海居士"拜受之。

《善知鸟》为始于《万朵谱》以来的志功板画历程画上句号，是告别过去、将迄今界分为第一期的存在。发表《善知鸟》这年，志功35岁。

4.04 文人交友

志功家住中野大和町,为他与周围居住的青年文士们交往带来机会。最早结交的朋友之一,是诗人藏原伸二郎。藏原会驯小鸟,向志功面授机宜;他对古董也有很深的造诣,在美的感受方面给予了文学感悟强的志功以更丰赡的滋养。

·

而通过藏原结识的保田与重郎[A],却是对志功的艺术方向始终保持率直透辟的理解力之人。极而言之,保田的存在,是唯一一个摆脱民艺的集体嗜好,以美术的角度持续关注志功工作方向的知音。保田以诗志《Cogito》[我思],以及《日本浪漫派》为舞台,是文风犀利的文艺评论家,活跃在当时文坛的弄潮儿。

·

[A].
保田与重郎[1910~1981],奈良县人,评论家。1935年与龟井胜一郎等人创刊《日本浪漫派》,提倡回归民族传统。战后曾被开除公职。代表作有《民族的优越感》《近代的终焉》《万叶集的精神》等。[译注]

相识不久，由保田做编辑顾问的"Gloria Sosaete社"推出的"新Gloria丛书"，就开始全面启用志功的画做装帧。虽然书是只有32开150多页，亚麻布装的休闲本，但在书店架上一字排开，一定相当壮观。试择其主要刊本书目一瞥之：

- 藏原伸二郎《目白师》。
- 保田与重郎《艾斯蒂尔为何而死》。
- 中谷孝雄《昔日之歌》。
- 前川佐美雄《红》。
- 伊藤佐喜雄《花之宴》。
- 芳贺檀《杜伊诺的悲歌》。
- 岩田洁《现代俳句》。
- 森本忠《天路历程》。
- 山岸外史《芥川龙之介》。
- 木山捷平《昔野》。
- 小山祐士《鱼族》。
- 平林英子《南枝北枝》。
- 斋藤史《鱼歌》。
- 津村信夫《户隐的绘本》。
- 田畑修一郎《狐之子》。
- 浅野晃《评论楠木正成》。
- 影山正治《MITAMIWARE》[吾为天皇子]
- 大山定一《诗的位置》。
- 森亮《四行诗集》。
- 外村繁《白花谢了的回忆》。
- 田中克巳《杨贵妃与克里奥帕特拉》。

以上，为1938年到1941年出版的书。

·

此外，志功第一次给杂志画插图，是福士幸次郎、佐藤一英、与田准一等办的诗志《新诗论》。为封面作画，是藏原、中谷、淀野隆三等办的同人杂志《世纪》。做单行本装帧，是1936年椎木社出版的百田宗治诗集《露天生活》，顺便包装了伊藤整的诗集《冬夜》。同期，还有堀口大学[A]的诗集《威尼斯诞生》别册，附手彩板画作品限定百部发行。

·

昭和一〇年代［1935~1945］初期，志功在出版界的装帧和插图工作，大部分不是板画，而是水墨着色的亲笔画，预示了他在美术范畴今后多姿多彩的活动。

·

保田初期的评论集《日本的桥》《后鸟羽院》，都用志功的装帧出版。

[A].
堀口大学［1892~1981］，诗人、诗歌翻译家、法国文学家。[译注]

· 那时他已经发表了《大和秀美》，不少人为这位不世出的天才惊叹、感动，为这个国家出现了名垂史册的同时代艺术家而欢欣鼓舞。我带头这样认为。我对这位天才的出现怀着崇高的敬意。从远处以敬畏的目光，看着这位高度近视的人在高圆寺街头阔步疾行。那时的志功形象，至今对我都是最重要的。藏原说给我介绍栋方时，我说经常在路上遇见而且打过照面，藏原却说只是路上一走一过的话栋方根本瞧不见。即使是那时，栋方与文士打交道也比画家多。说是文士，多半是文坛圈外的年轻人。——那阵子肥下氏［《Cogito》编辑］家在大和町，位于高圆寺西北角，往东走不多远就是栋方家，从那里到我的临时住所也就几百米的路。从我那儿往南是古木铁太郎的家。他说在写小说，却只是端坐着，很少下笔。那个模样够酷的。从这里跨过省线电车［运输省所属］的中央线路轨，车站附近背面的小树林中是木山捷平的家。再往南走，住在堀之内的是中谷孝雄。往前的东田町是淀野隆三，附近有外村繁，然后就是住在松之木的藏原。·

· 保田与重郎《栋方志功画伯》·

看看1941年2月《月刊民艺》杂志上藏原的回忆文章吧。这篇文章以诗人的直觉，清晰勾勒出由我分期、从习作期到板画第一期的志功的为人与生活。

• 第一次见到志功君是十二三年前的事了,互相走动则始于十年前。志功君那时什么样,现在还什么样,那时就既画油画又画日本画又作版画。有人以为他是最近才开始作版画,那就错了。他那时所作奥入濑溪流的版画中已有杰出之作。我对志功版画的惊异,自打那时开始。那是个即使作品不同凡响也不会得到社会承认的年代,所以他和我一样伤时不遇。当然,骨子里的真艺术家,困顿也是合乎常理的,完全不丢人。反而是千方百计趋炎附势、不知愁的家伙们丢人现眼。他的日本画中,写松竹的也颇精妙。一次,我就在旧货店碰上并买过志功的日本画。当然,他的主业是油画,但十年前已经开始热衷版画了。那阵子他养猫头鹰,两个孩子多半时间放在老家。志功和猫头鹰两个人过日子,就住现在这个家的附近。那个时期我去得最勤。他常常和猫头鹰大声讲话,大冷的冬天也满头大汗地刻版画。我以为有人来了,探头看看却没人。喂!我喊他也不回应,样子活像阿修罗,全神贯注。他工作时大声自言自语,拒人于身外。我在他身边待了一个时辰,他好像刚发现,吃惊地拥抱我。可他又是非常谦逊的人,对我不着边际的胡吹乱侃细心倾听。见到志功君,我才第一次见识了真人,不说谎的人,粹美而朝气勃发的人。我想到自己,心想我得照着这个样去做。我打心眼儿里惊讶、尊敬他。可是我这个人嘴硬,想方设法托词掩饰自己的弱点。这些雕琢技巧在他面前一文不值,我傻眼了。不得不认输、服他了。和他两个人说话时,房间的拉门在颤抖。这是真事，他的话是从人的最深层爆发出来的声音，感觉是不掺半点假、纯粹人声的响动。这种声响当然也让拉门为之颤动。一字一句都像《万叶集》歌人的语言，新鲜、活灵活现。这个人有语谶，我想志功若写诗一定都是好诗吧。志功过去写过诗，我对此也很服气。

- 花中无裳
- 裳在裳中

- 版画上写有这首奇僻的诗。
- 现如今他在大和町的住所，是位于钱汤［公共浴池］旁边两间廉租房的一间。一进玄关，正面墙上画的是巨幅观音水墨画。来看望志功的人无不夸这幅画，见到我时都说"想要那样的画啊"。那实际是野波的画，却相当不错。房东在栋方搬家后，爱惜那个壁画就好了。也许会说志功把墙给糟蹋了，要他赔偿损失也未可知。上了玄关即是三叠的房间，堆着满满的油画工具，再一进是六叠的客厅。三面的拉门上是画得满满的、令人愕然的秃头章鱼乱舞图。这是一大杰作，比足利时代的书院襖绘[A]有过之而无不及。借用他家的便所，那里也有让人不胜惶恐的观音画。懦弱点的人，恐怕上一半就要放弃。以樟脑丸的代用品来说，那也太珍贵了。我在他家每次去便所，必惶惶然退缩回来，怀着一种无法形容、莫名其妙的心情。实在难得的是，邪念一股脑儿地被涤除。等回到房间再看，火盆前是这位本尊、那个大近

[A].
即画在隔扇上的画。[译注]

视眼且汗津津的尊颜,有时穿阿伊努的attus[椴树纤维织的衣服],或英国村姑穿的那种通红的女人上衣、旧工作裤,盘腿大坐。他用河井先生制的大青茶壶,向同是河井先生制、带志野风纹样的大茶碗里,为我斟粗茶;又用震耳欲聋的大嗓门,不胜其烦、急不可待地招呼着不出两米远、在厨房里的贤惠聪明的夫人,又是点心又是干果啦水果啦,总之是忙不迭地吼。其间,他大谈艺术论,连敲带打地胡撸孩子的头,舐犊般地抱起来爱抚,没个识闲。那个忙法,冬天出汗也难怪。总之,他好像整个身体是能量块,一刻都不能闲着。我从没见过志功发呆,或凝定不动。

• 藏原伸二郎 •

志功终生用作枕屏的两曲半对,右半书保田与重郎在《日本的桥》中述及雕在桥的拟宝珠上,母亲为供养孩子的文章:"吾儿堀尾金助自天正十八年[1590]二月十八日奉命征讨小田原,中途殒命,年方十八,相见无日,心实堪哀。今当此桥落成,为母潸然泪下,唯愿吾儿即身成佛。至逸岩世俊之后世又后世,得见此文者请为他念佛祈祷,是为卅三年之供养也。"左半是藏原伸二郎书自作诗:"苍鹭飞吧,幻象的苍鹭从黑暗的地底飞起来吧。我把奇怪的原始思想,深深藏在大脑深处,变成可怜的苍鹭,飞向远山的沼泽。"挥毫时间是1939年10月8日。

4.05 水墨画

这个在大和町租房的厕所可着墙画的观音,似乎远近闻名。其中也有的女性不胜惶恐,不敢解手就出来的,于是志功在画的一角题赞"水中石佛,不恐濡雨",告诉人家不必介意。

此语出处虽不甚了了,但他在河井宽次郎家,以《碧严录》为教材时,曾一则一则耽读,至第八天说:"先生,《碧严录》说了半天都是一样。则题虽然不同,但第一则也好第一百则也好,说的都是无吧。"把书奉还给河井。河井说:"从前有个叫丹霞的和尚。他在一座叫慧林寺的寺庙见到好友伏牛和尚。天很冷,没有东西取暖,于是丹霞进正殿拿出木佛给烧了。这叫丹霞暖佛,也是个公案。不管书还是佛像,都'烧却了'。我的课也到此为止。对栋方,版画非制作,而是诞生的。就看你的了!"对于获得河井宽次郎直接印可[?]的志功来说,佛像也是人的生命力假托的形象,对于身为画家的自己,凡是能够表现的场所,都是拼命相向的对象而已。

少年时在家乡就被叫作画痴的志功,只要有笔墨,其画痴的天赋画才就不分时间场合,水墨画随手拈来。

而且有求必应，不论何时何地，不管什么画题都画，在画家强调个性、自我主张的近代以降，这个姿态的画家少之又少。

•

早年小学教科书上有这么个故事，雪舟[A]在寺庙当小和尚时，因为什么事被长辈申斥，被绑在大殿的柱子上挨罚时，用脚趾蘸着泪水在地板上画了只老鼠。这种故事在现代画家传记中已经绝迹，但在志功画痴绰号的背景中，却能隐约感到某种与之息息相通的东西。

•

也许在这个意义上，志功是古风日本画家系列的最后传人。后来他以板画在国际的现代美术史上确立了突出的个性；大约同期，在水墨画上也强调个性化解释，用"倭画"的特异名称，其根基却在透过水墨画，抒发对源于绘心的梦幻世界的迷醉。

•

1937年，正当志功在中野大和町安家，开始与文人雅士深入交往之时，七七事变爆发了。

•

[A].
雪舟[1420~1506]，室町时代的水墨画家、禅僧。代表作有被奉为国宝的《秋冬山水图》《天桥立图》等。[译注]

从这时起,志功开始为出征战士在布上画老虎图相赠。

这与他儿时画风筝画送给朋友讨喜的画痴心理一样,是对在自己无法亲临的战场上为国捐躯的同胞,送上真诚的礼物。有道是虎行千里必凯旋,志功的画就是为了祈祷有去有还。其间,撞上他正在画老虎的保田与重郎,记录下其情景。

- 在过去的战争中,七七事变初期,画伯已在布上画了一千多张老虎图。都说虎行千里必凯旋,画伯一开始并非刻意画的老虎图,一传十,十传百,盛传有了它征旅无恙,来乞虎者络绎不绝。不知画伯赫赫盛名的那些老妈妈,摸到画老虎的先生家门,拿出自带的白布。他以最满足的表情迎接了对方。画当然是奉送。
- 我见过一次他在挥毫。如他一贯作风,大声吼着说话之间,猛虎一气呵成跃然布上。他已经气喘吁吁,大汗淋漓,抓起画好的虎图站起来,把它挂在隔壁房间的神龛前开始祈祷。端着肩,全身绷直,颤抖身体。实在是怪异的祈愿形象,不久张开手指,连续击掌。那是不间断的击打。他挥小刀时、运画笔时,和这个祈愿时的气势完全一致。全神贯注,无懈可击。但是让我彻底惊呆的,是这个大喘气的祈愿后头的动作。
- 他忽地抬起头,把奉祭在神龛上河井宽次郎翁制作的酒壶,大把抓地拿起来。同时左手将神前的猛虎图捏着提起来,仰脖咕咚含一大口酒壶里的神酒。然后面对神前,左手举起猛虎图,把含的一大口神酒,其势难当地以巨大声响向自作的虎图喷放出去。在濛濛酒气中,我久久地为这个奇异的祈祷感铭。这个来势凶猛的祈愿仪式,不是人们普通意义上编排出来的,更不是有意要惊世骇俗。一定是自然的冲动发明,变成这么一套程序。从起笔到一口气喷神酒,一共用不到几分钟,呈显平素的栋方风范。我真切实在地感觉到了灵异。我亲眼看见了可怖的神一样的人。这才是与我所见画伯的为人与其艺业最相符的行为极致。

· 他就是这样,为不相识不知其名的人,画了几千张猛虎图。一切都是他的真心实意与热情坦诚的体现。

· 《板响神》序文 ·

文章作于 1952 年,其时保田与重郎正面对战败后的人心惶惶,忍耐着激越的情绪在家乡樱井蛰居,所以感觉些许高扬的文意,然而关于志功挥毫画虎的描写,却让人仿佛身临其境。

·

志功在青森时对写生的风景施礼言谢的用心,在面对远征千里的人心时,对画老虎更要多一份郑重吧。

·

年谱上可见,第二次世界大战末期,他为鼓舞海军士气,画了450张不动尊图,亦应出于同样心愿所为,但从特别记载着张数看,老虎的几千张似有夸大。然而,这个作业的描写,对志功水墨画的特质却是一针见血。

·

文中有口里"含酒",而志功却是不能沾酒精的。考虑到他只呷一小盅酒就犯困的体质,这个神酒的记述更具真实性吧。

·

那个时期,志功看了富冈铁斋遗墨展作的随想,明确传达出他对水墨画的思考以及对绘画的看法。

· 听说铁斋有言在先,若看自己的画请先看题赞,这话我也不想按字面解释。他的心情与其说想让人读字面的解释,不如说主要还是想教人看他画得满满当当占了全纸的整个工作吧。·

· 铁斋喜用那个亮丽的红[洋红],最是让我开心。无论画桃花还是樱花,设色都是它。而且不管三十、五十、八十岁的年龄段,总有这个颜色相伴。如此大胆使用这个颜色的南宗画家独一无二。这个红,是铁斋其人化现的红。——铁斋施色的另一绝,是点在人物面貌上那种独特的砥粉色[代赭中掺墨的颜色]。酣畅的墨线勾勒出脸的轮廓、眉毛,然后若无其事地截断墨色基调,以砥粉色画完眼睑、眸子。这种画法迄今可曾有过？这是完全超乎寻常的手法。用这个手法完成画作，铁斋本身也心生欢喜吧。而且是连铁斋也难得一遇的欢喜吧。[此类实例出现在将近晚年，总体上也只有屈指可数的几件。]况且别人即使模仿也是徒然，既不可能掌握也不会成为画技。

· [一]反映于画业上的人格高度——及身的高度——由里而外的高度。

· [二]画业铸就的高逸——成就画业的高度——画格的高超。

· 这两者需要区别开来看。我们从铁斋的遗作也会感到沉重、让周围空气凝固的紧迫感，可以认为那大致来自[一]，即心志上的高度。但我感觉就本次遗墨展范围而言，未能接触到更进一步，相当于[二]，在本来意义上画格高超的作品。

· 何谓画业铸就的高逸？就说一个点吧，它是摆上去的点还是砸上去的点？一条线，它是划的线还是拖的线？……必须是在此类细微处见自觉，在那里铸入画家自身"高贵的"直觉、思维。[话虽如此，绝不意味半点临深履薄、钝刀子割肉的小聪明。]如此，让"品""位"在一点一画上跃跃欲动，就是作为画业的高度吧。而要抵达这个高度，只是忘我地——如前述"急就章"的做法——一定相当困难。即，这虽然是以生产的心情——自觉地——可得的，但要是不渴求就得不到，铁斋是所谓不为也，非不能也。

· 铁斋若真想得到它，就不会有那种满纸的画法了，这一点从常识上不难想见。还有那个砥粉色的脸，假如那时他的目的果真是画有高度的东西，就会始终以白描去完成而不是那个样子了。说它画技拙劣，也无可否认吧。然而从铁斋来说，有一种不问结果好丑，不拘绳墨、见猎心喜的忘我欢悦。那里是不求高迈的、更像艺术家的大愉悦，莞尔的一笑。想到这里便发现，现代日本画中有一群与铁斋的倾向截然相悖的人，已故土田麦迁、安田靫彦、小林古径，等等。[虽然我也曾对这些人心醉过。]

这些人确实都有立意高远的工作。但在他们身上，难道不是常有苦心经营猎取的高远，那种精于打算的高远之憾吗？即，那是以他们清纯或细致或精巧的笔致和构成法而得的、万无一失的高远，却终难抵达画境的高逸，大多充其量是停留在"画意"的高度吧。而这种态度，一方面又全然没有愉悦、没有忘我的欢喜可言。既然如此，莫不如不期冀高远，起码收获铁斋那样的愉悦，倒是更像个画家吧。

《板散华》

《善知鸟》获特选的 1938 年 12 月,志功已随河井宽次郎赴仓敷的大原孙三郎[A]府上,应邀为大原之子总一郎夫妇旅欧美归国的欢迎宴画襖绘去了。《文艺春秋》1941 年正月号上,志贺直哉在随笔中以略带苦笑的语气记道:讲述这件事的河井说,志功的水墨画"出铁斋上"。

然而，就算他当时有"画伯的盛名"，也只限国画会内外和民艺协会，以及"新Gloria丛书"装帧界的范围，与今天的普遍认识相去甚远。恐怕点到近代日本画家软肋的这个卓见，在当时也被完全封杀，权当蹩脚画师的信口雌黄了吧。

·

在志功经营副业的时代有一则故事，有人从日本桥的白木屋[今东急百货]给他揽活儿，是在阳伞上作画，他画好百把伞交工时遭到怒斥：好端端的伞给你糟蹋了，赔伞钱！让他很郁闷。

·

沉浸在无我的欢悦中，没入画境——这，就是志功水墨画的姿态。

·

[A].
大原孙三郎[1880~1943]，日本实业家，仓敷纺绩、仓敷绢织、仓敷毛织等社长，创建了大原财阀。热衷社会文化事业，设立了大原美术馆、仓敷劳动科学研究所、大原社会问题研究所等。[译注]

4.06 其性格

志功的奇行与他在画业上表现出的超常活力,在那时的所谓知识人群中,似乎出现了与异常儿等量齐观的倾向。

时值式场隆三郎拿弱智儿的剪纸画做文章,把山下清捧为天才之时,异常儿的美术才能在媒体引来热议,有人还把志功与山下清相提并论。志功当然感到烦厌,就自己与山下的不同详细申白。

> • 我写到,只照搬写生的东西雕刻出来也不是板画,这是千真万确的。在裸体、一丝不挂的人额头上加个圆星,就成了完美的佛,这是至可宝贵、感激无尽的。它就是给你变成佛。脸上点上星和没点上,决定了是单纯的裸妇还是变神佛,这个大世界让人心喜。只有板画的大世界有如此神力。绝不能有板画是佛,或者是神的区别。为此,为作板画而作,是做不到的。变成呆子傻子,那里才有板画。•
>
> • 然而,时下被捧上天的山下清却没戏。山下清怎么着也是山下清,命里注定不能成佛。因为人性是另一回事。山下清是因为病性成就的工作,而不是出于他的人性,那样没时没晌不知厌倦,

作为人仍是悲怆的宿命。不解人性的山下清的作品，始终脱离情意的世界、时间的观念，是最让人难消受的事实。据前不久的新闻报道，要以山下清的画为底画作大幕，让人不胜忧虑。这样头脑发热，后果堪虞。山下清，一个不懂佛的人，你用他的作品制作演绎人生百态的剧场大幕，甚至让人觉得是反人类的谬误。

·《板画之肌》·

山下清是弱智儿，因点彩派风格的贴画被吹得天花乱坠，其作品《烟花》一时间成了热议的话题。那是精神病学者式场隆三郎——精神病院的经营者、美术爱好者，也是民艺运动的一员，打着"日本的梵高"旗号在包装炒作他的作品。

梵高一名用在这里，严重误导了公众对梵高的认识。所幸这位式场对志功做的心理学性格分析实验〔1941年1月〕存世，证明因弱智而异常的山下清与画痴截然不同。

• 性格分析 •

荣格将人的气质分为内向和外向两大类。内向即消极、沉郁、因顺、隐忍的气质,外向则是积极、开朗、顺应性强、冲动的气质。淡路圆治郎氏通过对几千人实验的结果,发表了向性指数研究。由五十个问题构成,包括关于外向性征候的二十五问和关于内向性征候的二十五问,受验者逐项反思自己的性情,做出"是"或"不是"的回答。假如无法确定时,不必勉强回答。所有问题都被理解为"是"或"不是"的回答,一方表示外向性,反之表示内向性。接受这个实验法的栋方回答如下。

• 向性检查法 •

[仔细阅读以下五十个问题,反思自己的性情,与提问一致者,在"是",反之在"不是"做 ～～ 记号。无法确定"是"或"不是"时,可以不回答。]

1. 即使琐碎的小事也耿耿于怀吗?　　是,不是
2. 能马上下决心吗?　　　　　　　　是,不是
3. 为了保险起见,要三思而行吗?　　是,不是
4. 事后能改变决心?　　　　　　　　是,不是
5. 喜欢实践胜过思考吗?　　　　　　是,不是
6. 不开朗吗?　　　　　　　　　　　是,不是
7. 怕失败吗?　　　　　　　　　　　是,不是
8. 马马虎虎吗?　　　　　　　　　　是,不是
9. 不爱说话吗?　　　　　　　　　　是,不是
10. 感情会马上外露吗?　　　　　　　是,不是

11. 爱闹吗? 是, 不是
12. 见异思迁吗? 是, 不是
13. 对事物狂热吗? 是, 不是
14. 能吃苦吗? 是, 不是
15. 得理不让吗? 是, 不是
16. 议论爱偏激吗? 是, 不是
17. 小心谨慎吗? 是, 不是
18. 动作机敏吗? 是, 不是
19. 工作细致吗? 是, 不是
20. 喜欢显耀的工作吗? 是, 不是
21. 对工作忘我吗? 是, 不是
22. 是空想家吗? 是, 不是
23. 过于洁癖吗? 是, 不是
24. 对自己的东西很随意吗? 是, 不是
25. 浪费多吗? 是, 不是
26. 爱说话吗? 是, 不是
27. 不爱理人吗? 是, 不是
28. 爱开玩笑吗? 是, 不是
29. 容易受挑唆吗? 是, 不是
30. 倔强吗? 是, 不是
31. 不满多吗? 是, 不是
32. 介意对自己的评价吗? 是, 不是
33. 想评论别人吗? 是, 不是
34. 自己的事能交给别人吗? 是, 不是
35. 讨厌别人指手画脚吗? 是, 不是
36. 能在人上控制大局吗? 是, 不是
37. 能虚心听取别人意见吗? 是, 不是
38. 用心周到吗? 是, 不是
39. 遇事隐瞒吗? 是, 不是

40. 会马上同情别人吗？　　　　　　是，不是
41. 过分信任别人吗？　　　　　　　是，不是
42. 记仇吗？　　　　　　　　　　　是，不是
43. 害羞吗？　　　　　　　　　　　是，不是
44. 喜欢孤零零一人吗？　　　　　　是，不是
45. 交友困难吗？　　　　　　　　　是，不是
46. 在人前不怯场吗？　　　　　　　是，不是
47. 在显眼的地方总是退避吗？　　　是，不是
48. 与意见不同的人也能平易相交吗？是，不是
49. 爱管闲事吗？　　　　　　　　　是，不是
50. 不吝啬地给人东西吗？　　　　　是，不是

- 向性指数按以下公式推算。首先检查受验者的答案，核对外向性反应的总数，与未做出"是""不是"选择的无反应总数。这时可不计内向性反应数。

$$向性指数 = \frac{外向点 + \frac{1}{2}无反应数}{25} \times 100$$

- 公式中分母25为理想的两向状态，即外向与内向两种倾向取得平衡时的标准外向点，所以向性指数可视作表示个人气质向性的均衡程度的指标。完全不具备内向性素质的极端外向型人，50题会全部做外向性回答，所以向性指数为200。反之极端内向性人的外向点为零，所以指数也为0。另外，不偏不倚完全两向的人指数为100。即向性指数以100为中心，以0到200的数值表现出来，100是理想的两向状态，增至100以上是

栋方志功　　　　　　　　　　　　　　143

外向倾向强,而减到 100 以下是内向性倾向更胜。离 100 越远,则外向性或内向性越强。所以,一看向性指数,可以立即知道处于哪种倾向,公布个人气质的特长。•

• 日本男子的标准,如下表所示:

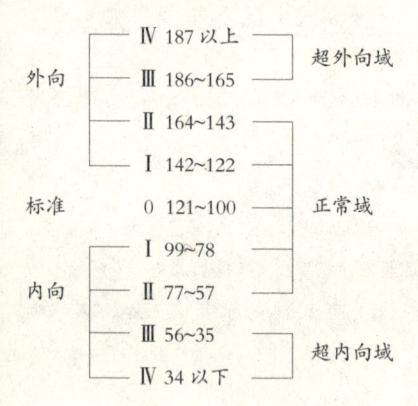

外向	Ⅳ 187 以上	超外向域
	Ⅲ 186~165	
	Ⅱ 164~143	
	Ⅰ 142~122	
标准	0 121~100	正常域
内向	Ⅰ 99~78	
	Ⅱ 77~57	
	Ⅲ 56~35	超内向域
	Ⅳ 34 以下	

• 栋方的向性指数为 150,相当于外向域Ⅱ,即正常域的最高值,并非超外向域。——社会上一些评论指,栋方看似天下奇人,其实是质朴而富常识的人,亦暗示了这个结果。事实上他有好冲动的一面,也有平和的一面,才产生出表示为数字两相抵销的这个结果吧。我又进行了检测注意力和精神活动速度的"布尔东试验"[检测精神敏捷程度 Bourdonscher Durchstreich Test]。其结果如下:用时:九分四十秒;脱落数:六个;误数:零。•

• 这个测试是从打乱的各种图形中选取一定图形

的测试,常人平均时间为八分钟左右,脱落数平均十七个,误数[误将其他图形抹掉]为零。栋方虽用时略长了一分钟,但脱落数只是常人的三分之一。从这个成绩看,他的注意力相当犀利,精神活动能力旺盛,即也擅长做严谨的工作。他那看似粗线条的笔,其实也很适合做细工。这个意外的结果与上述的向性测验亦吻合。将栋方看成古怪的逸轨者是肤浅的结论,他的平常面很宽,可以认为他是在这个范围内展示着最出色的活动。

式场隆三郎《栋方志功的性格》

为什么要做这种测试,从检验者是炒作山下清的人这一点,也不难察觉吧。在这里也能感知由对画痴的蔑视衍生的、众目睽睽的空气。

志功的画痴,是具备常识教养的人"一时羡慕仕官敬业之地,虽有心入佛篱祖室之门,然为风云遥渺苟身,劳情于花鸟,苟为人生之谋事,终为无能无才只系此一线"[芭蕉《幻住庵记》]的路数,既然从学制到家庭均未能提供常识性教育的机会,他只有将终于发现的自身才能,且从感性激荡、顺遂绘心的事,建立在与生活融会培养起来的忠直人性上了。

大鯉の押しおしよきけり

向画框画的挑战

5.01 志功板画的展开

志功以《善知鸟》对自身表现欲内在的文学性做出戏画式处理,赢得了帝展特选,而他却更想从造型上探究人体,制作雕像型板画。这是他从《观音经》时尝试整板置人体,仍因在周边布局图纹而未能如愿的。

其时他恰好弄到十几块日本厚朴板,每块约一尺乘三尺一寸。他想把这些板上下左右用足,即以头顶为板上侧面,脚底为板下侧面的感觉,用尽板木。他在上野的博物馆,看到兴福寺的须菩提受到启发,因此决定制作释迦十大弟子。

十大弟子各有大本事:解空第一须菩提,论义第一迦旃延,密行第一罗睺罗,说法第一富楼那,天眼第一阿那律,头陀第一摩诃迦叶,神通第一目犍连,多闻第一阿难陀,持戒第一优婆离,智慧第一舍利弗。

十尊人物,衣服黑白颜色交替,脚或黑或白与之对应,以他擅长的相间纹样烘染。这件作品由于手脚的位置、朝向各具运转变化之趣,乍一看让人意识不到在排列效果上的苦心。

同时，人物的头部和身体朝向，表现了从右向中心和从左向中心各五人，相呼应的动态，每尊的动意又因其自身的完成度，互相支援，互张声势。

完成十大弟子以后，他又听取对此作品"看似一伙鲁莽僧众"的建言，左右添加了文殊、普贤二菩萨。

早在《观音经》发表时，梅原龙三郎就向佐分奖推荐过栋方，这是以夭亡的画家佐分真的遗产为资本设立的奖项，这次他再度推荐这件以《阿吽谱二菩萨释迦十大弟子版画屏风》为题的大作，以多数通过赢得佐分奖。

- 今天欲成就艺术的人中，自以为是者何其多。然而，堪称艺术者究竟几何？少得可怜是确实无疑的事实。但栋方的工作我却不用怕，毫不犹豫地称为艺术。他的工作不是规划设计，也不是技巧。他刻画的一点一线，是其美的感情直白大胆的袒露。他以白与黑的版画方法，向佛说借用大量题材来表现灵动的人物。无论面部表情还是肢体运动，没有一点尘俗气，生机勃发。我虽然对他的工作步骤不甚了解，但感觉那并非出自处心积虑的描线，而是任性而发、本能的、即意可得的才能吧。无所畏惧、不顾一切，了无挂碍地拼杀的精神气度，使他势所必至，又踏着和谐的格调和韵律。思前量后的工作有时会出错,本能地突进则无所顾虑。只要他那炽热的意欲不衰,他的工作就只有一路向前。

· 梅原龙三郎《工艺》101 期 ·

这个时期,与宫田重雄一起拜访梅原家的栋方,对出现在客厅的梅原致意曰:"如果没打扰您,我愿意打扰到打扰了您!"这样的口气和造句表达上的诙谐,是志功与生俱来的本事,在文章上也表现出别样的情致。

《十大弟子》催生出他与五岛庆太的交往,成为直到后来推动在东急举办艺业展、开设栋方画廊的机缘。

· 记得是昭和十一二年[1936、1937]前后,栋方志功君由文部省国宝调查官田山方南氏带到我家,与该君初次谋面。当时感觉怎么看都像乡下的落魄文人,我怀疑这个人真的能制作美术品?交谈时他对人也唾沫四溅。但在谈话过程中我见识了剥去一切虚荣一切高尚的、坦荡的志功,终于心生敬畏。分手时我要他给我看看作品,之后他就送来释迦十哲的板画。看了,让我愈加对他刮目相看。·

· 我总想扶持他大成，于是把这件作品做成六曲一对的屏风，跟时任总持寺管长的伊藤道海打招呼，进献给该寺。现在东西应该还在。我还象征性地送去了执笔费以资激励。·

· 五岛庆太《寄语第三届志功艺业展》 1954年 ·

翌年的国展出展作《门舞神人颂》，是在《十大弟子》创获雕塑性的人体表现上赋予了动感的作品，遗憾的是板木毁于战火，只剩下约两组作品存世。

· 我以《十大弟子》打出"大"，刻画了人物，而这个《门舞神人颂》是在《十大弟子》之上的巨制。《十大弟子》以前的以横长居多，从《十大弟子》开始向纵长过渡。同时，把不浪费板木作为板画的体面。《十大弟子》机巧过甚，连板画的刀、板画的面、黑与白的边缘都用尽心智制作，而《门舞神人颂》，我渴想得到荒唐的巨制，以立幅尝试其势庞然、难缠的、吊儿郎当的、找不到答案的东西。题材上迄今多以佛为主，所以想借重神的造型，将大和武尊以前的鬼怪、历史上茫昧不明的人物搬上板画。从木花咲耶姬、弟橘姬[A]开始，渐渐上溯到神代，刻十六块板木制成了八曲一对的屏风。·

· "门舞"意即日本最早的人们，不是所谓的门，而是至门外之处、以大和武尊作为进入门的人，并以更早的超性之人为对象的命名。这样的人举手投足地舞蹈。我的板画似乎从这个阶段起进入了裸体作的阶段。我用造型的线,当时有人大惊小怪,谓之表现派云云,但在我来说,那样的形体并非有意识而为,更像内生的,应手而出。

•《板画之道》•

这里虽说"并非有意识",但这纯属因应他力本愿说[B]的一种措辞,人们往往被志功的说辞误导,有人拿无意识当真了,可没这回事!正如他话里流露出的表现派一词,从《十大弟子》前后,他显然是有意识地在考虑造型效果。

他就《十大弟子》撰文,称:"衣服的黑与白,各五人恰好相称,那也并非开始就有意识安排的,而是完成的东西自然如此,经人指出我还吓了一跳。"紧接着说到《门舞神人颂》时,却是"《十大弟子》机巧过甚,连板画的刀、板画的面、黑与白的边缘都用尽心智制作",亏他说得出口。

[A].
木花咲耶姬为《日本书纪》中记载日本神话中的女神;弟橘姬为《日本书纪》中记载的日本武尊倭建命之妃。[译注]
[B].
净土真宗的教义,指众生依靠阿弥陀佛的愿力成佛。[译注]

志功顽强地反复地寻求表现效果，对努力的痕迹莫不是要效仿柳宗悦"信仰美论"特有的、故弄玄虚的措辞吧。

·

他在《十大弟子》与《门舞神人颂》之间，1940年制作了《梦应的鲤鱼》和《上宫太子板画卷》［一尺左右，二十五图］。《梦应的鲤鱼》是以《善知鸟》形成的戏画结构为基础、白黑对比鲜明的拓印作品，板木约一尺见方，由二十图组成。作品的原作出自<u>上田秋成</u>的《<u>雨月物语</u>》[A]。志功平时经常以水墨画画鲤鱼，而这个故事是说三井寺的僧人兴义酷爱画鲤鱼，梦里变成鲤鱼戏水时被捉住，偏偏被搬到檀家代表家的砧板上，厨子的菜刀当身时，兴义"哇"地大叫一声，从梦中惊醒，一问之下，原来他在病榻上弥留有七天了。后来他得终天寿，临终之际将他画的鲤鱼图撒向湖中，"画上的鱼离开纸离开绢，嬉戏于水。因此兴义的画不传"。［石川淳《新释雨月物语》］

·

对于喜欢<u>鲤鱼</u>的志功，这是再合适不过的题材，而人鲤之间的化性互动也与志功的绘心相随。

·

1942年秋，京都山口书店出版了他的第一本随笔集《板散华》，初版发行3000部。志功在此书后记中第一次宣布把原来用的"版画"一词改作"板画"。

·

第二年，水谷借擢升东部矿山监督局长之机，举家搬往世田谷，志功一家步其后尘，从中野大和町迁入了代代木山谷的水谷家。其时，大原孙三郎赠以"杂华山房"匾额。自从初往京都的河井宅受教于《华严经》以来，志功便从此语出处"杂华严饰"取了杂华堂为堂号。而今居所的格调不同了，需要以更高调的山房相称吧。杂华严饰，指以五颜六色的花，庄严释迦觉悟的境地。

·

志功在佛说中之所以抓住《华严经》不放，是因为这个经开门见山，对真理平铺直叙，其教诲的可贵之处，即如太阳从东方涌然，大海向西方没然，这样的传教方式让人感动。

·

[A].
上田秋成［1734~1809］，江户时代作家，其文学创作以小说成就最高。《雨月物语》取材于中国白话小说，被誉为日本怪异小说的顶峰之作。［译注］

据说志功、土门拳[A]和龟仓雄策[B]，成了水谷在世田谷新居的常客。在水谷眼里，那时龟仓的平面设计、土门的摄影、志功的板画，分别是重要的艺术门类，但日本社会却尚未确立这些领域，他有心推动此事，而受邀的三位却是一日三餐还没有着落，冲着水谷家有吃有喝，招之即来。

这位水谷是饱学之士，说话喜欢掉书袋，经常在饭前解说经典之类。据龟仓回忆，就说偶然围坐地炉，听水谷长篇大论，他心里盼着赶紧吃饭，表面漫应着，志功却嗯嗯地直点头，听得有滋有味，边捅龟仓的膝盖。"我禁不住冲志功一咧嘴，却挨了水谷怒斥。土门则不吭气，瞪眼静听。志功真是会做人，结果净是我吃亏。"从这段插曲不难看出，志功听别人话的悟性和接人待物的姿态。按志功在河井家八天就对《碧严录》了然于心而论，这些话对他只是姑妄听之的吧。但这个时期多亏水谷，他谋到矿山局参事一职挣工资，好歹度过战争期间的困局，而且第一次住上男女厕所有别的家，挂上了"杂华山房"的匾，话当然也是要洗耳恭听的了。

随着战事升级，画坛出现了向写实主义一边倒的逆行，晦暗的战争记录画，糊弄孩子、虚张声势的画调泛滥成灾。昭和一〇年代［1935~1945］迎来创作高潮、才艺纵横的人，至战争结束的1945年被迫雌伏。

即使这样，也许是后台硬吧，志功继1942年的随笔集后出版了油画集，1944年又出版了第二册画文集《板劲》。

1945年4月，志功疏散到富山县福光。五月，代代木山谷的家被焚，原来的板木大部分化为乌有。《十大弟子》是志功板画迈向第二期重要一步的最初作品，但至战争结束的1945年为止，时代大潮也给了这位作家以小憩之机。

志功战后的第一件作品，始于颂扬河井宽次郎功德的《钟溪颂》。宽次郎位于五条坂的窑，名为钟溪窑。此地是早时铸造"国家安康"铭文大钟的遗址，正是这口大钟授德川家康以柄，导致丰臣家遭灭门之灾。因河井家即在此地而得窑名。

[A].
土门拳［1909~1990］，著名摄影家，其纪实作品多次获奖。主要作品有《广岛》《古寺巡礼》。［译注］
[B].
龟仓雄策［1915~1997］，日本平面设计家。本书日文版的设计师。［译注］

河井宽次郎在刺激后进上，堪称陶艺界的梵高。他从东京高等工业学校窑业科毕业，在致密的釉药研究基础上，开创了独得的作陶法，是对现代陶艺创作春风骀荡的人。其作调、气质都体现了内化的佛心。与河井的邂逅，是让志功最受激励的事。

·

《钟溪颂》共二十四图，以六曲一对的屏风参加日展，荣获了冈田奖，但当初是按两件或四件一对制作的。

·

1947年细川书店出版《栋方志功板画集》，收录了《钟溪颂》中十六幅图，虽然作品各题名不变，却分成几个系列名："爱染颂·金槐板画镜"，"响神颂·恐悲板画镜"，或"津轻颂·举身微笑板画镜"，"钟溪颂·鲤雨板画镜"等。板木为一尺七寸乘二尺三寸，二十四图。在战后物资匮乏时期，板木也很难弄到手，因此志功利用从青森寄苹果用的空箱做板木，尺寸反而整齐划一吧。这个板木锯痕累累，是直接拿来用的。或许是在全部作品完成送去日展时，才定为《钟溪颂》的吧。

·

这件作品，有如迄今志功板画中出现的人物集大成，从人体到背景，如刺青般嵌入娴熟的图式，人体造型富有弹性。顺便提及，最近出版的作品集中刊登的《钟溪颂》二十四图，其中一图乃1955年的补作，描法与该系列其他作品颇不相类。尤其女人脸上的鹰钩鼻子，是1949年《四神板经》以后才有的表现。

1946年，他在富山县福光町有生以来第一次盖房子。

"八叠的一个房间，四叠半的餐室，外加四叠半的客厅，然后六叠的房间给四个孩子。另外是一叠半的浴室，三叠铺地板的是厨房。进入两米长的狭窄过道是两个便所，真是下不去脚的家啊。"

[A].
万铁五郎〔1885~1927〕，日本近代画家，引进野兽派前卫绘画的先驱。[译注]

- 房子这东西，在外行人眼里轻而易举地就建起来了，让人不敢相信。铺上地板吊上顶，不出两天就有模样了。这回好了，一直以来，八叠才用上三叠，自从建了这个画屋时起，不能用的八叠都派上了用场。那叫宽敞。
- 壁龛挂柳宗悦先生的两行书"阿弥陀佛去此不远"，是他此前来邻町城端町度夏时所书，旁边挂我心仪的万铁五郎[A]自画像。在日本画油画，能把日本的西洋画画到家如他者，绝无仅有。那是八号油画，阳春会的参展作品。
- 畅游琉球时受赠于"红房"的三足盆是大红色的。上面是群马一带常见的达摩木形，安放在真宗偏好的香炉台上。其他，客厅里让砚台、色具堆得满满当当。其间，置"纸町"八尾的长者F氏送中国手提包一只，装领带、七零八碎的杂物。

- 仓敷美术馆的大原孙三郎大人,书赠"杂华山房"匾额,其嗣息总一郎先生也对我处处提携指引。这个家的门牌出自他的手笔,宛如大原父子在拥抱这个画屋。
- 反方面的门框上是苍海即副岛种臣伯爵的字,为会津老博士所赠,写满纸的、精善的楷书二十八法。
- 在名之曰"鲤雨画斋"的里鬼门[西南角]祭祀着不动明王尊。后面是书架和叠放的各类朝鲜盘盏,衣橱和放置画具、油画、倭画、板画工具的专用桌子一张。柱子上是Y氏的信袋,房间中央是前天刚完工、T氏木工制作的光叶榉木大八角桌。
- 起居室,这里是画屋的心脏部位。泣之笑之可也,是始又是终,是运筹帷幄之所在。只有上半边的龛——叫它吊龛吧——为南无琉璃光如来所据。置于兵火之余的文卷柜上的这尊佛像,为木喰上人[A]所作,自甲斐国的四国堂散落而来。斜穿四叠半的茶具架上,朝鲜佛龛中是弘仁制释迦铸座像。天井中央悬山形产铁吊钩上挂着盛冈铸匠O氏作鬼泣茶炉釜,下有三尺茶炉。吊钩、炉子、炉金[B][炉金是家兄在锻造工匠时代打造,千哉嫁到栋方家时带来]都是千哉从战火余烬中救出,千辛万苦背来的。

[A]. 木喰上人[1718~1810],江户时代后期行僧,佛像雕刻家,其作品被称为"木喰佛"。[译注]

[B]. 日本北方的炉具,方形圆形不一,装在地炉中以保持火长时间不灭。[译注]

[C].
富本宪吉［1886~1963］，日本陶艺家，1955年被认定为"人间国宝"。［译注］

[D].
岸田刘生［1891~1929］，大正至昭和初期的日本油画家。［译注］

- 小屋里铺着备后［广岛东部］西阿知的花席，还有朝鲜的竹皮工艺、津轻古布的坐垫，最多容纳四客。桌子也是朝鲜产的榉木、锤足。日常修业置身于河井、滨田二先生作的陶瓷茶盏、笔砚具包围中。这面墙是雪舟的野鸟图，金襕、缎子、牙轴，乃受之于M先生的重宝。

- 铺地板的客厅。巴纳德·理奇氏在本国圣艾夫斯烧的吊井绘大盘，非常有名，就挂在这里。K氏未完成的信插，是富本宪吉[C]先生受细川委托放入锦窑，因为烟跑不出来成了熏盘。吴州赤绘大盘两只。此外还有师匠河井宽次郎先生倾心之作的辰砂大盘两只；岸田刘生[D]的素描自画像和飞天图；金户T氏带来的春米臼用大榉木案；五把英国制古椅环绕四周，全部为旋转靠背椅，带扶手的男女各一把，是我最引以为豪者。

- 出玄关是一株松树和一块石，一树一石嘛。松树下是滨田庄司先生的水钵，睡莲在铁绘圆纹中绿叶交叠。

- 转身回眸，医王山与桑山连绵叠映，环抱法林寺、坂本、最胜寺的部落，如此豪华胜景让人有享不尽的眼福。孕育着五个山的袴腰、人形的山壁景致当然不错。绵延毗连八乙女、赤亲父的岳腹，山陵缺开处的窗口，立山巍峨耸立。

· 《周刊朝日》1948年10月 ·

字里行间洋溢着志功第一次盖房子、拥有家的喜悦之情,通过这种喜悦,充分传递出他日常的生活气息。

特意说到两个便所,据说是因为中野大和町的家只有一个便所,和现在的水洗式不同,必须蹲着解手,男人也只能蹲着小解,长期以来让志功憋屈得发慌,因此搬到代代木山谷时为有男厕称快成为传说。在这个家特意分开建了厕所,让他津津乐道。

志功迄今的住处,都有反映当时心境的室名,透出现代画家不多见的文人性,而在富山建的第一个家命名"爱染苑",工作室为"鲤雨画屋",更突显这一点。

> 鲤雨画屋,这是我去年冬在富山县砺波郡福光町所建、自称爱染苑的画屋。"鲤雨"二字的命名并非有什么深意。我需要天晓得的、没有答案的所谓文字怪物。可以随便读成"KOI"或"RIU"。若仿效禅,不妨叫作"鲤雨"公案。鲤雨,音和谐优美。

《板响神》

在这样的落笔处,做出因喜画鲤鱼而得名状,但用公案之类装糊涂,反而道出其中寓意对自己的期许吧。

《碧严录》中有"云门拄杖化龙"一则。拄杖,即和尚走路时拿在手中的长杖,源于发生出家的久远年代,印度河流湍急,为行脚僧探水过河必备之物。一次,云门禅师把这根杖置于云集学法的众人面前,谓"拄杖变龙了!"禅问答难就难在这里。中国的典故中说,黄河上游有个叫禹门的地方,有三级大瀑布。每年阳春三月,桃花在浪上翻滚,煞是好看。鲤鱼此时逆水而上,登到瀑布顶端者可化龙升天,所以向三级瀑布挑战的鲤鱼血染桃花,不愧是中国故事,够刺激。杖变龙了!做何解呢?云门公案在禅语录中也是艰涩的,其用词被形容成如红旗闪烁——恰似青山中飘红旗。

在河井宅初见《碧严录》时,八天了悟,曰"一百则全一样,就是无"的志功,对自己第一次建的小小家宅,不惜爱欲之情,借用"爱染"一语,而在工作室他大概会指天誓日,要让"画笔化龙"吧?

也许不该戳穿他亲自点到的公案。如若通俗地解释,帝展特选这个年轻时势在必得的目标,就是李太白诗云"一登龙门则声价十倍",成为登龙门的鲤鱼。

富本宪吉贺其新居落成,赠以"鲤雨"磁印。另外很早以来用得最多的"栋"字磁印,亦为富本之作。

战后，自《钟溪颂》问世后的三年，大概因盖房子等杂务缠身吧，志功没有制作像样的大作。他为当初避难时多有照护的光德寺制作了梵钟铭图，该拓本参加了 1948 年的国展。

在新居爱染苑的工作室，鲤雨画斋或叫鲤雨画屋——叫法依心情而定——产生的第一件作品，是志功依自己的随笔《瞒着川》制作的组合小品板画，顺便制作了取材于冈本加乃子[A]的诗作《女人观世音》。这首诗战前发表在杂志《女人艺术》的创刊号上，从此成了志功的爱诵诗。

- 我从《钟溪颂》开始第一次实现了在黑面上刻白线，懂得了板画这东西，出黑面省事，而黑地出白线却相当繁难。我早听篆刻家石井双石、山田正平等说过白文难，但我想灵活运用这个线，让自己真正触及板画的渊源。
- 《女人观世音》——让我魂不守舍，是一首动人心弦的诗。我是早晚要刻它的，但当时尚未成为自己的东西涌现出来吧。当我领会了白线时，就想到要把这首诗搬到板画上。
- 这套板画用了圆刀。一开始制作，似乎就把原来白线的意图抛在了脑后，制作的十二图中仅有如此一图，但这一幅的白线出类拔萃。在总体中，我感觉回眸姬、仰向姬二图尤为成功。其中，

回眸姬的白线意蕴灵动。——以前,《大和秀美》
和《空海颂》都用了文字,但那并非因觉知文字
的必然性而为。而在《女人观世音》上虽然是因
必须刻而刻,板画却因文字而生,文字甚至有决
定板画成败的力量。

文字从这幅板画起开始左右板画,与在庭院中
布置庭石相似的、同构的想法开始介入其中。

《板画之道》

用于板画的雕刻刀中,有圆底刀[驹透]、直刀[间透]、斜刀[切出]、三角刀、平刃刀[见当凿]、圆刀[丸刀]等。一般是用斜刀雕刻出轮廓线。直刀、平刃刀也叫平刀,因为刃是平的。而圆底刀和圆刀的刃是圆的,要向前推刻。木版画家根据要求的效果,区别使用这些刻刀。这里志功说用圆刀,是在表白他希望灵活运用同一推刻调子的线的意志。

[A].
冈本加乃子[1889~1939],日本近代诗人、小说家。代表作
有《老妓抄》《家灵》等。其子冈本太郎为20世纪日本著名
前卫艺术家。[译注]

与其用不同刻刀雕出木版画的意趣,他是想把圆刀当毛笔使,运足每一口气灌注到板面作画吧。可以圆刀刻出同样粗细的线,用三角刀借助推刻的深浅,调整粗细的调子。

·

《女人观世音》在作风上预示了之后只用圆刀的大作群,文字上也确立了源自对书法见识的独到解释,在志功板画的发展上占据重要位置。

·

这件作品参加了1949年国展,其后1951年参加瑞士卢伽诺国际版画展,与驹井哲郎的蚀刻同为日本美术界带来战后首次国际大奖。

·

1949年底,汤川秀树博士获诺贝尔奖;1950年1月,《艺术新潮》以毕加索的蜡笔画为封面创刊,奥运会上"飞鱼"古桥的名字引起轰动。这个时期方方面面的国际性新闻,在战后复兴的勃勃生机中成为热门话题。

·

志功于1951年末进京,购入位于荻洼的铃木信太郎旧居为寓所。当卢伽诺国际版画展优秀奖获奖的消息传来时,不料1952年早春搬家时托运的行李同期而至,他就坐在来不及打开的行李上,接受了记者采访。

·

然而，制作《女人观世音》这年，他还制作了久违的大作二图《东西南北颂四神板经板壁画》，这件作品日后获威尼斯双年展国际版画大奖。两件作品的题名出现在1949年第二十三届国展出展目录上，至执笔本稿之际才得以确认，由于《板画之道》一书中将《四神板经》误记为1953年，致使其后柳宗悦编《栋方志功板画》［筑摩书房］的主要板画作品目录亦出现误记，谬种流传，此处一并予以勘正吧。筑摩书房版《栋方志功板画》于年谱处作："1949年在国画会发表冈本加乃子作《女人观世音》十二面以及《东西南北颂板经天井壁画》四面。6月于民艺馆举办'栋方志功特别展'。实为百余幅亲笔画、板画兼收并蓄的大展观。"同题作品在作品目录中误记了制作年代。年谱的四面，为两面之误。土门拳拍摄的栋方志功照片中，有这时在民艺馆站在这幅轴装板画前的志功。然而，这幅作品是发表一次后不满意，经过重新修板，铲去一部分，充实了图纹，仍不满意，后又从背面上彩，渲染调子的一幅。

- 《朝日新闻》以"威尼斯国际美术双年展大奖尘埃落定"为题,刊载了富永惣一氏的谈话,同时登出的照片即这幅画。最初画题是《天妃奏鼓笛》,投入制作时,想置中国守卫四方天的青龙、白虎、朱雀、玄武,制成藻井。以往我也作过不少大型作品,但没作过藻井,一直想尝试,所以是按仰角制作的。因此,这幅画平视显得拘谨,嵌在天花板上才酣畅舒展。
- 图式取天人在天花板飞翔的造型,各执鼓笛,青龙有鳞、朱雀有羽、玄武有龟甲,天妃的肌肤散布花纹。——没有细致的凿工,无论面部或其他都任凭天然偶成。是没有摆布的雕法。——一尺见方的四块板木,用了大型板画罕用的背彩。我做小幅作品时乐于施背彩渲染,而用在这幅作品中却有弥补不足的心理。陶器也有"物不足而饰之",背彩虽非悉数如此,但黑白布局效果欠佳或作品不尽如人意时,施彩的心理与陶器的彩绘相仿。对我来说,当属不幸类作品。

·《板画之道》·

这是宅心忠厚的作家,对自己汪洋恣肆的作品的感言。他对背彩富于反思的考察,寓意深刻。这件作品具有的、作家自己对作品带来的玄机的省察,不久成为经《命运颂》《欢乐颂》至《苍原颂》的画框画[Tableau]确立的契机。登龙之机,看似在即。

从《十大弟子》到《东西南北颂四神板经》,可以划分为志功板画的第二期吧。战时及战后的动荡,怎样改变了世道人心,流风所及,志功天赋的资质是怎样克服时弊,走向成熟的呢?保田与重郎作于1949年的随想,在谈画家的同时也成为了宝贵的时代证言。

- 与栋方志功的画睽违已久,今春始得重逢。曾经逾十年往来谈笑、近在咫尺的他的画,最近几年却无缘一见。但久违了的栋方的画,让我喜上心头,勇气倍增。这里也有坚执,而且,从前他欠缺的美源源不绝地溢荡,尤感可喜。看来,生命激昂而奔放的工作,深度益增,感觉更加沉稳了。社会上,不仅文学连绘画也普遍在加速沉沦。梅原和志贺对文艺界这个不良事实,明证无余。
- 战争期间的文学家和画家们,费尽心机地追求陆海军的军服,借此拥有一种紧张的生活。当从这种生活的紧张中解放时,他们的没有浪漫、没有节操、没有道德便昭然若揭。当一直维持他们体面的国家伟容瓦解时,他们就变成只是徒增悲怆的存在。节操的诗情是求之可得的,更遑论人伦、精神或生命。并无虚假的生命本身的存在,本就稀有。栋方是其稀有的一人。他的画暗示了,放下武器而后确立万世太平的根基、务必争取的东西的、某种精神的层面与方向。武器与原子弹,全然不在他的关注范围。他的画暗示了与近代成陌路的、文化文明的理念。这里,一位天才没有没落，还鼓足了勇气，必将起到激励来者、砥砺其胆识的作用。

• 这次我看到的，是他的亲笔画。不久，又看到了几幅版画。由此得到的感觉，暗示了更明白的方向。相对于以往的美是某种抽象而言，这里呈现的是全然不同的深度。也许是唤起他对博大精深冲动的、溢于其风貌的、盈满的深度。——那冷峻的姿态，正轻声嘟哝着什么。似永远的嘟哝，似面向永远。过去的栋方，早已本能地狂啸了。这是令人欢喜的变化。眯眼凝望遥远的彼方，轻轻颤抖嘴唇的塑像，肃穆得寂寞——这样说或有语病。

• 如今，任何民艺风格的廉价安心感，都被彻底逐放了。

• 这里找不到民艺风的天真，也没有孩子的稚拙。也许他在以生命，呈露他对日本的祈愿。生命最严肃的内涵，像预言家一样嘟哝的塑像，随意印在一张纸上。这种随意，与过去相比大不同了。想必被随手丢弃会翩跹飘去，不管岩石的棱角还是树梢，在任何落下的地方立即安顿，并从那个瞬间，眯起眼眺望遥远的地方，不动嘴唇地嘟哝什么吧。

• 这，岂非明天成为崇高者之萌乎？

• 保田与重郎《为日本祈祷》[美术感想·四]

真正的断琴知己之言。文章提及志功的作风现出脱离民艺的表现，洞悉志功板画迈向伟大历程的预兆，论见详备。

5.02 向大作板画的挑战

从荻窪的新工作室诞生的第一件作品,本身即以象征战后特定时期的主题为背景。

·

刚进京,仓敷纺织的大原总一郎就给他念叨该厂开发维尼纶的事。在战后生活中,美国的占领令人记忆犹新的是正反面都有大红圈商标的"好彩"[Lucky Strike]香烟,而与此同时氯化维尼纶产品开始普及。

·

透明的裤带之类,大约是最早面市的吧。维尼纶本来是美国在战争中开发的军需品,用作电绝缘体。随着1945年美军登陆日本,维尼纶也同期登陆,并很快实现了国产,年复一年,从包袱布到手袋等林林总总的产品,带着它的特殊气味在生活中无孔不入。

·

战争期间在日本,被称为所谓 sufu [staple fiber 人造纤维]的人造棉以白手套或袜子充斥市场,而欧美各国则在研发更结实的合成纤维,以弥补天然纤维绝对量的不足,已经制造出替代棉的尼龙及替代羊毛的腈纶。1950年在仓敷开发的维尼纶,放在这个国际背景下,具有历史性意义,是合成纤维取代棉花首次打入市场之举。

大原总一郎作为第二代知识精英型社长，当然对这划时期的研发事业倾注了热情。然而，当初由于维尼纶的纤维质排斥颜料，无法着色，虽然在富山建起了维尼纶的原料工厂，却仍在踏步，尚未制造出能投放市场的产品。

其时总一郎委托志功制作板画，就为给自己打气。志功曾经在当年他旅欧美回国时，受其父之请，为他的起居室挥毫襖绘。

- 我提出做贝多芬《欢乐颂》那样的作品，大原社长好像也喜欢贝多芬，给我寄来新板木的费用，说你就做《命运》吧。这时还附上了尼采的《查拉图斯特拉如是说》，让我做创作的题材。
- 他说，为日本也为世界计，必须制造维尼纶，为此需要指引的灯火。希望在命运的主题下用板画制作超思想的大作，因为查拉图斯特拉就是以超人为中心人物的。
- 读《查拉图斯特拉如是说》，果然有鸿蒙的规模，和被拉扯进一种叫孤独的或难以名状的大世界。这绝不能是零敲碎打的工作，须得认准一样，一刻到底。于是，我只准备四分的圆刀一柄，为了不让自己分心，把其他工具都绑在一起，深思默想两天，第三天开刻。

·《板画之道》·

只用一柄四分圆刀雕，即抑制前章说明过的、因使用不同类刀产生板画技巧性之谓。

·

通常是在和纸上打底稿，再反转贴在板木上雕刻，此时志功却不用底稿，而是把板木全涂黑，用圆刀像画上去一样直接刻线。真的是豁出去了。铜版画中的尖钢雕是用尖钢刀［Burin］——一种锋利的小尖刀——直接在铜版上镌刻，哪怕错一条线都是无可挽回的。志功是把圆刀当作尖钢刀，拿出木版画前无古人的气概，扑到了这件大作上。

- 每四块板木拼一幅图纹，所以刚好十六块板木。
- 确定选题为，一图黎明，二图白昼，三图夕宵，四图深夜。·
- 我想做出一种，黎明时，查拉图斯特拉带着鹫和蛇从洞中凝望星空，震耳欲聋地大喊一声"哦，辰星！"的感觉。·
- 过往的人物布局，我一直讲求黑白色块的对仗，而这时则不拘绳墨，用了打破常规的手法。我发现，好比庭石，本来放着的石头挪开也美，才是真正的美。——四面植入生田长江[A]译《啊，你！伟大的星辰》以及《查拉图斯特拉之下山如是开始》两篇序，不管文字认得认不得，有则足矣。二图，是太阳里的乌鸦，在象征太阳的伟大光环外侧，让传说中的三足乌鸦展翅衔接。三图，

[A].
生田长江［1882~1936］，鸟取县人，本名生田弘治，日本评论家、翻译家、剧作家、小说家。[译注]

赤裸的女体连接成圆环，造型拟游天的姿态。女人们规矩内敛，取坐姿。这是希望得到在夕宵的静谧中静止的形象。在我的板画中，举止端庄、屈膝的女体，恐怕唯有这件作品。四图，前文查拉图斯特拉下山的姿态充满了整个构图，象征由此开启的幸运。•

•《板画之道》•

《命运颂》成为具里程碑意义的作品，既祝福仓敷在研发上阔步雄飞、走向成功的命运，也祝福志功身为画家从此跻身国际舞台的命运。当初发表时，题为《美泥罗牟颂命运板壁画》。

•

它虽然无缘奖项，但成为了战后首次在巴黎举办的五月沙龙展邀请作品之一。这件作品按藻井制成，四面全图嵌入一个框，遂成约两米见方的大作。

•

以《命运颂》为契机，志功去除了版画一贯的掌上性、近视性，直探画框画的壁面空间占有性。对于一个在会场艺术的表现效果上锲而不舍的作家，这也是必然的归宿。

•

这似乎隐含着挑战油画地位的味道。——向明治以来对以西画之名兴起的油画的、西欧现代美术赋予绘画的虔敬定位挑战。

这里亦重演了对初期构建而得的表现效果,进行规模放大、提振的步骤。翌年制作的《欢乐颂》,是延续《命运颂》手法的大作。

- 我打算继之前的《命运颂》再制作大构建的板画。刚巧每日新闻社主办国际日本美术展,便决定作我最爱它合唱部分的《第九交响曲》。真喜欢这个曲子,都想把《欢乐颂》的乐谱刻到我的墓碑上了。
- 开始时,想过表现日本的草木花卉之类,但到打底稿时意识到这些终难曲尽,转念就想借天体、云霞雾雨等气象,来表现这种欢乐状态。
- 我这个人,看来还是取材裸体最有激情,毋宁借力而发。最终确定,为表达有血有肉的人间情感,以裸体为基础,整面覆盖。
- 六曲一对的规模,开始就规定用一柄圆口凿刻到底,仅限我和凿子,雕出二十七尊女体。姿态、表情各个不同,以我惯用的手法,纵横交错置二十七人。——女体的身体部分,运用各种不同的线雕出隆起的线刻,像南方土人的纹身。一柄圆口凿,驾轻就熟,如扶乩笔。

《板画之道》

用圆刀刻女体的线，始于《四神板经》。他自己说《四神板经》时这种刻工尚未完成，也许是认为那件作品的面部和背景用白刻，再雕出脸部轮廓、背景置数种叶子图纹的浅白造型表现，与黑色女体上散布的线刻不够协调吧。在《命运颂》《欢乐颂》上，工具只限圆刀，是完全排除了白刻面，黑面块上的镌刻只取平淡调子的白线效果的制作。

- 制作时，《欢乐颂》啦贝多芬啦全放在了一边。用了三十六块雕板，逐块印刷、拼接起来。我是将雕板放在拓案上一张一张拓印出来的，独立看每一张却不知为何物。只有三十六张全部拼接铺展开才有了模样，神机始发，一流荡欢快之大全体，恣肆洋溢于纸面。
- 制成屏风时，大原总一郎正巧赶上，他对我说，不知你在想什么做出来的，这不是只有背景完全没有主体吗？以大原氏的学识和眼光，他说这话我还是很重视的，然而被他说成只有背景，却让我愣怔了半天。
- 自己志在探求如此茫无涯际的主题，被人说成背景毕竟心哀。但如今想来，对我来说背景也无所谓。太突出贝多芬的伟大也无可如何，这幅板画不是以自力而是以他力作成，被人这样看亦无不可。

的确，它挂在美术馆的壁面也并非有多么了得、夺人心魄，观者驻足在它前面，看上去就像背景在烘托观者。

《板画之道》

这件作品，出展了每日新闻社主办的第一届国际日本美术展，当时志功去上野的都立美术馆，站在作品前没有意识到作品被倒置，到临走拿到明信片，才发现印刷的题名与绘画关系颠倒，经向展陈方抗议后重新悬挂。

虽然他让自己哑忍背景的说法，但作为作家，那是明确无疑地对天地的赞颂。"别看它最不起眼，但我认为这件作品才是最能预示我今后走向之作"，志功对这件作品的自负，让他确立了近代美术史上独特的绘画思考，即树立基于板画的画框性，追求以鸿篇巨制为必然的版造型。

《命运颂》以后，可视作志功板画的第三期。创作这幅作品时志功48岁。从这时起，他开始用"栅"字。他说，就像要逐一界分明确的界限，今后制作的作品都以"——之栅"为题。

继《欢乐颂》后，他创作了《涌然之女者们》。鉴于《欢乐颂》连女体与女体之间的背景都用同一圆刀施以的精致线刻，变成对画面的整体晕染，今次这件作品便采取以黑面块强调人体造型，背景施以更其纤细精审的线刻。以小品版画为例看，不难联想以美柔汀[A]的刻痕衬托被描写对象造型的技法。归根结底，旨在追求版效果，即一种与亲笔画迥异的绘画表现的实在感。

"涌然"一题，是出自从《华严经》听来的"东涌西没"吧：释迦说法高扬时山自东涌，平和时海向西没。六尊女体，三个一组做上升状，另外三个下降，对仗布局，上升者涌然，下降者没然也。

这个时期，志功对这件作品充满了喜爱与自信，以至于1955年、1956年让他代表日本参加圣保罗、威尼斯双年展时，送展的都是这件作品；接到获奖消息，问他对参展作品的感想时，他也是先谈《涌然之女者们》。这个特异的题名，令采访记者们喜不自禁，尤以这个题名与栋方志功的名字对号流布。

《涌然之女者们》显示的造型意识，到1956年创作的《苍原颂》时，在方法上更臻完美。那是四尊女体，戴着阿伊努女帽般的华丽头饰，肚脐、手足关节、乳头等部分着重线刻，腋毛与阴毛的抑制性的图纹渲染，使人体的跃动感更着实。

从战前起，志功就不用模特，是看照片构思板画的。他有一封谈及某张裸照的信件存世，让人真实地感到他那个年龄的制作欲和对主题的把握，不妨见识一下关于模特的部分吧。

> 那张照片的表情等很强烈，是我喜欢的。美中不足的是，几乎没有我想要的活力充沛的体态。我喜欢的姿体，当然比木内克[B]氏的来得更放荡。

[A].
美柔汀为铜版画技法之一，先在铜版上用特殊的工具"摇点刀"凿出无数细密的凹点，再用刮磨刀作不同程度的打磨，磨得越平整的部分墨汁越难以停留，墨色越浅。美柔汀便是靠这打磨的深浅构成图案。[译注]

[B].
木内克[1892~1977]，雕刻家。早年旅欧，师事法国雕刻家安托万·布德尔，以变形的特异风格成为日本具象派雕刻的代表人物。[译注]

- 衣服里欲藏还露的，或者让她劈开腿从背后拍的之类，还有要人家劈开腿，估计模特女士肯定也大惊失色吧？——就在这个节骨眼来个咔嚓。——不过，模特的体态相貌都是我喜欢的类型。如果可能，毛更浓密，腋毛黑压压的，会更来劲吧。我的性作欲、制作欲都要变成纪实的了。
- 可能的话，最好是年纪大一点的——三十五到四十。四十五岁以内的中年女人，短腿像弘仁佛的类型，像狗熊那样多毛，而且相貌丑陋，是我喜欢的那种。相貌年龄于我无干，我要的是女人的或谓雌性的东西。

他以当时连续以赤土陶器 [Terra Cotta] 雕刻来表现裸妇的跃动感，备受关注的木内克的作品为例，告白了自己感兴趣的女体感，然而这里透出志功板画构思的切要点，即发挥板画的间接性，借助观念雕出实在感。有失体统的体态，当它被移至板画时去尽滑腻，提取的是女体造型带来的生命感。

可以认为，志功第一期的作风受装饰趣味引导，与其说女体，他更注重追求人体。进入第二期，在有意识地深度把握人体本身的同时，后期雕出了女体具有的实在感，至第三期则阔步迈向讴歌女体本身。

这个消息在1956年他为谷崎润一郎的小说《钥匙》所作，共65幅插图用小品板画上，历历可见。谷崎说，他执笔写作，连载《各有所好》时受到了小出楢重作品插图的刺激和激励，而《钥匙》时也如出一辙。谷崎在《钥匙》中表现的对老年女体的执着，与栋方板画开创的板画造型——以间接性的净化保持的情念世界之间，树立了有奇特通感的创作造境。

•

方向上，恐怕在黑面块刻线的作法，是志功板画开辟的造型成果吧。同系列中《飞流之栅》〔31厘米×185厘米，二图，1958〕及因首次踏上纽约的感动而作《立于摩奈波多门〔曼哈顿〕》〔109.5厘米×148.5厘米，1959〕两件作品，与前出的该系列作品同样，达到了炉火纯青的完成度。而以同一手法制作的六曲一对屏风大作《海山之栅》，是唯一的风景杰作。

•

在志功过往足迹中也屡屡可见，其不知疲倦的生命力兀兀穷年，不达目标绝不罢休，让世人瞠乎其后。若所处的境遇不必面临选择的困惑，艺术家就可以悠然走自己的路，避免无谓的耗散。然而从志功天赋的画才而论，无论作品还是世俗的行为上，他掷其百分百画痴的朴素生涯得来的位置，却伴随了太多的徒劳。

•

1951年，志功退出日本版画协会。因为不愿为繁琐的交际所累，想按自己的想法弘扬板画之道，于翌年组织了日本板画院。这是战争期间就酝酿构思的，与友人下泽、笹岛喜平等商量过，但时机不好，只在1942年昭森社刊《栋方志功油画集》里能见到这个名字。板画院得到了北川民次[A]、胁田和[B]、木内克、巴布诺娃、芹泽銈介[C]等的赞助出展品。

[A].
北川民次［1894~1989］，日本现实主义画家，美术教育理论家。［译注］

[B].
胁田和［1908~2005］，活跃于昭和时代的西洋画家，1998年获"文化功劳者"称号。［译注］

[C].
芹泽銈介［1895~1984］，日本著名工艺家，民艺运动主要参加者；"文化功劳者"，日本染色界的"人间国宝"。［译注］

[D].
日本版画会，1960年由日展主要作家栋方志功、前川千帆、永濑义郎等设立的展会。展览每年举办一次，自1979年至今每年在东京都美术馆举行。［译注］

其后于1953年,他又退出国画会版画部,是年春向日展送展了《耶稣十二使徒》。这是《十大弟子》翻版般的东西,在志功板画的历程上,与同期围着日展转的行为同样可视为徒劳之一。他退出国展的理由是"想无所顾忌地展出大幅作品"。1954年即展出了由14块板木拼接、五尺二寸二分乘四尺三寸五分的大作板画《华狩颂》。据说以中国通沟壁画为底本构思的这幅作品,是以装饰性渲染版效果、志功板画最上乘之作。画面中马上女人的造型酷似通沟壁画,但画面洋溢的情感所本,却是法隆寺《四天王狮猎文锦裂》的主题。当时,龙村平藏正在主持裂帛的修复工作,能感到马上武将张弓搭箭的节奏的裂帛图纹,令志功兴奋不已,使他完成了这件不是用弓而是用心射花的《华狩颂》。志功以此作品荣任日展评议员,为了在日展设版画部,他与以前就参加日展的版画家们谋划,成立了日版会[D]。

这时,志功试图解散日本板画院,将之吸纳到日版会,这种日展本位的独善想法,激怒了板画院的合作会员,他的企图以失败告终。

在前述"性格分析"表中,他对各项都做出是或不是的明确回答,但对"自己的事能交给别人吗?"的问题却不答。反而此处更能说明他的性格,志功年轻时在青森就被说成对会议运营有特殊才能,他是把面上的事交给别人,干自己想干的。倒是生性老实的志功,在这个问题上犹豫了,"本着自己的作法"应做何解呢?

·

在威尼斯双年展获奖翌年,东京国际版画双年展拉开帷幕,第一届展会上,外国来的评审员一致推荐志功的《群生之栅》获奖,但国内评审员唱反调,使之与奖项失之交臂。其结果,直至他1965年获朝日文化奖之前,出现了一个无缘于艺术界任何奖项、不走运的奇妙空白期。

·

以日展为发表舞台也许是一个原因,但从制作上看,应该说这是一个为了挑战世俗认识,而造成大量徒劳的试错期吧。终于,过劳也降临到画家身上。有强烈本能灵悟的画家,也许预感到黄昏的阴影笼罩吧。

·

年届六十的1963年春,他为参加《每日新闻》主办的第七届日本国际美术展,制作《恐山之栅》。这幅100厘米×80.3厘米的板画,是深刻寓意画家心灵创痛的作品:一只不祥的乌鸦,正飞过三个歪着头赶路的女人身边;背靠板木左侧坐的女人,张开像八角金盘叶一样的双手,企图截住女人们的脚步和乌鸦的召唤;如白刻的手指关节般的从背面施色的墨晕,强化了象征效果。

以"栅"刻意名之的这个题名的可怖,那时还没有人意识到。

恐山位于青森县下北半岛,是南部地方的灵场。每年7月在那里举行的祭祀,传承着巫女为死者招魂附体,向遗属传话的习俗。《恐山之栅》中坐着要阻止乌鸦的,莫不是这个山的巫女吧。抑或是志功一流假托的谐谑,让乌鸦叫一声"妈",以表现走向为母的女人的死亡愿望。

可以认为,志功板画的第三期是自《命运颂》至《恐山之栅》。

其间，尽管志功这段可贵的充实发展期，正值战后美术界生意盎然的时期，但也只在1956年获威尼斯双年展版画大奖时，散见几篇美术批评家附庸新闻报道的文章而已，既没有来自美术界对画家的奖项，也没有像样的批评。

附带说一下，在威尼斯双年展展出的作品有七件：

- 《柳绿花红颂》十二图［1955年作］，二曲屏风一对。《欢乐颂》六曲屏风一对。•
- 《涌然之女者们》二图［这幅作品发表当初为《大藏经板画栅》，据说因本《大藏经》的构思。1953年作］，二曲屏风半对。•
- 《耶稣十二使徒》十二图［1945年作］，六曲半对。•
- 《耶稣十二使徒》十二图［1950年作］，六曲一对。•
- 《东西南北颂四神板经》二图［1949年作］，背彩二曲半对。•
- 《钟溪颂中的十二罗者们》全二十四图中十二图［1946年作］，背彩六曲半对。•

《二菩萨释迦十大弟子》十二图［1939年作］，六曲一对。•

陈列时占去了40平方米壁面。全部以屏风形式出展，似乎也引起了反响。是为英译还是因为从英译转译之故，与发表时的原题不同，出现了混乱，此处仍还原原题录出。

•

5.03 板画卷・悠游的余裕

身在富山爱染苑的第二期,志功与早先疏散此地的俳人前田普罗[A]交为知己。普罗是虚子直系的俳人,主宰着俳志《辛夷》。

- 前田是东京人,有一股东京人的气质,视诗人生活为唯一的人生价值,煮字疗饥。我二人相交甚笃。现在仍能忆起,下雪之夜烤着火盆对酌家酿的烧酒,醉意上来,两人难以抑制激昂的情绪,抱头痛述东京、越中,放谈俳句、绘画、戏剧,常是彻夜纵论。前田提起如浮世绘般雅致的东京老城情趣,又为如此美丽的东京已不复存在而潸然泪下。

[A].
前田普罗[1884~1954],日本近代俳人,代表作为俳句集《普罗句集》。[译注]

- 提起他年轻时的旧事,前田说隅田川能钓到银鱼,一钱蒸汽船[A]大白天"呜呜呜"发出让人恹恹欲睡的汽笛声响,通过两国一带,声调凄切。我讲起津轻的海,连在东京我家玄关前的樱花古木都令人怀旧,泪流满面。凄美的雪夜深了,雪花无声地飘洒着。
- 玉尘降雪山,暮色已四垂。[普罗]

· 《板极道》·

老江户的普罗似乎与当地人有隔膜,志功为他难过。恐怕自幼就背负着"雪国的忍妙"成长,睨镜画室时代的逼仄生活也压不垮他,唯珍视自身绘心的志功,自有其了无挂碍的好处吧,他无论走到哪里、见到谁,都能随遇而安,处变不惊。这也是河井师门传授的禅心。

称爱染、意在拄杖龙的那个时期,他逐渐培养起悲天悯人的余裕之心。因而发心制成以普罗俳句为本的《栖霞品》句板卷四十四叶,即将俳句雕在聊大于明信片的板木上。

[A].
日本明治时期至第二次世界大战前航行在东京隅田川上的小型蒸汽客船,因票价一站一钱,故名。[译注]

他与家在加古川的俳人永田耕衣,也从战前就有了交情。这是因该地有位民艺收藏家,时不时邀志功前往而结交的,其俳句亦雕成与《栖霞品》一般无二的十七叶板木。

·

另,他据河井宽次郎的语录,制《火的祈愿》二十八图。这些均以对开页的形式布局图文,志功自己统称之板画卷类。

·

石田波乡的《惜命》,也被他疾速制成板画卷。石田波乡其时患肺病从中国战地退下来,以亲身经历数度高难手术、切除六根肋骨的抗病生活为句,令俳坛瞠目,谓之前所未有的生命力赞歌。

- 蝉鸣也哀 吾儿扑倒病榻前 四目相对亦无言 [波乡] ·
- 金色芒草 老母遥寄祈祷心 殷切爱怜暖胸间 [波乡] ·

是这些诗句,打动了志功那爱染之心吧。

·

他还把自作随笔《瞒着川》制成了三十九图。

- 传闻瞒着川现在还有河伯。这条河也叫鲇川。岸边一株弯了腰的合欢树在浑浊的河面映着倒影，鬼灵精怪的，倒很相配。正好河跟前有个莲花沼，白色大花绽放。合欢的红色和这个白色，还有一个松软一个敦实的花形，殊为可异。
- 在土桥的桥头，人们再正常不过地给我讲述河伯大人的传说，说河伯专等黄昏时分，诳骗那些去法林寺、广濑、馆、山本、坂本等部落的人。有人说"这叫写生！"旁边有人帮腔，怪有意思的。"是喽，是喽！"人们一边看着我画，一边一本正经地发议论。"瞳仁血红，中间乌黑的大眼珠子浑浊不清。头上的碟子是蓝色的，铮亮。都说夏天时水也是冰冻的。一解冻，河伯大人受不了。听说有一回替吉右卫门家哄娃娃，把在田埂上哭闹的孩子给抱起来了哪。"给你说这个。

河伯大人确有其事,不牵强。传来"送虫"大鼓沉闷的声响。瞒着川应着昏昏欲睡的大鼓流去。这一带变成萤火虫的胜地,大个儿的萤火虫成团涌来。其中从法林寺来的尤其大,简直是打着灯笼挂在夜幕的景色。太迷人了,让人着了魔似的想追上去。不,是被诱惑去。去年,这个虫行将结束那会儿,我冒雨去法林寺途中见的,那真叫个儿大。我以为是人家灯火,想借火点亮熄灭了的灯笼,凑上去竟是萤火虫!吓我一跳。当然,我是近视眼,从来就没见过雌雄连体的这般怪东西。听说萤火虫的寿命很短,若是长命,但愿在瞒着川的河伯大人和小妖们欢聚一堂的时候,再看一遭那些悠闲的家伙。

《瞒着川》

接着上一篇的《并·瞒着川》,是这样开头的:"嗖嗖嗖嗖——。我在画河伯的画。人说是写生吗?怪不得,不服不行。河伯,敢情这一带真有这回事啊。"文笔风趣俏皮,他是在玩味自己的轻妙语气,所作的板画卷也讨人喜爱。

《女人观世音》很早就已是他的爱诵诗,而制成板画却得等到酝酿10年后这一时期,此间他作这些板画卷的章句、说话、诗歌,都是这样边诵边刻而得的。

志功的板画卷类，在进京后的作品上也拓开一片宽广世界。以吉井勇[A]的诗歌为底本的《流离抄》，作于1952年到1953年，出展了当年国展。吉井于战争期间蛰居越中八尾，曾作"跃然屏风情真切，志功板画诸天神。抄纸人家炉边火，温暖流离浪迹人"的和歌——这是请吉井本人自选31首和歌制成的板画。这件板画卷，从画题到技法，判若志功板画一贯主题的缩影版再世，十分可喜。集中"诨名叫樊哙/恶人也怅然/游秋夜流连忘返"中描写的朝鲜石塔图，与之后志功在镰仓山建新居时，工作室庭前的置石同型，画面的氛围也似被全盘移至庭院，是能了解这位画家的画思与现实错杂的趣景。

·

获威尼斯双年展国际版画大奖的消息传来时，他正在做《青天抄板画卷》系列。这是将俳人原石鼎——与普罗齐名，大正时期《HOTOTOGISU》[子规]的主将之一，主宰俳志《鹿火屋》——的诗，按春夏秋冬制成三十五图，是板画卷中的压轴卷。板画卷纯属寓作于乐，他以"青天微笑"为题，记录下这个自得其乐的过程。

·

[A].
吉井勇[1886~1960]，诗人、剧作家。代表作有歌集《人生经》《祇园歌集》，随笔集《人世风流》等。[译注]

- 后浪推前浪/春水拍岸轻荡漾/余晖映夕阳[石鼎]。
- 诗的世界之宏大、之广袤何也,我有痛知于斯。更叹它的全不费力,涉笔成趣这件事。我陷入奇妙的感觉,好像自己被不容分说地融入安详的、暖融融的傍晚,不能抽身。
- 这个一旦被拉进去,绝对跳不出来的情冥之境,才是原石鼎氏拥抱的世界吧。
- 朦胧大海犹莽山/惟有长思无尽绵。[石鼎]
- 巨大悠长而彻底的安堵情绪,抓住了我。不过,它的召唤是对大海如千山阻隔的长思。在悠远飘逸的用思中,明确表示大海如千山阻隔、无以依托的寥廓,是兴不可遇、不可复制的。而让人感觉一个情系辽远、歌咏海山阻隔之人的诗句,亦寓于本句欤?我竟自呆然。
- 滋滋如婴孩/吸吮母乳似春潮滚滚来[石鼎]。
- 在表示强烈情绪的滋滋一语中,仿佛整个句子碰触到人的生命与人的生活互为表里或叫真实。如婴孩吸吮母乳似春潮滚滚来的堂堂精神周流贯彻,近在咫尺的春天的力量、潮水的力量、人的生命力。这句话恰是对"活着的精彩实感"下断言。喜从心头起/快快亮出汝狐手/樱花一片云[石鼎]。

• 与春水之句同，这句的绝对真理让人叹止。喜从心头……至此，原石鼎咏的绝对真理，不容喘息地被喊了出来。喜从心头……欢悦之余出狐手、自然变成狐手的人的模样浮现在眼前。不是人变来的狐手，而是狐狸把人变成狐手。多说一句，是狐狸自己高兴变狐手，把狐狸变没了只有狐手的世界。使人联想起，一只嗔怪着怎么变成这样的手，对它的怪诞感到无措的狐狸。

• 这个狐手有如此魔力。这个手腕奇怪的手，非拿出来不可，自然是这句所表现之切要。它喝令：亮出狐手！即使不说亮出来，也不能不亮。我们被置于完全无能为力的境地。以樱花一片云结句、把嘴拉成一字的口气，更何能赞一词！

《板画之道》

他以《瞒着川》把自家附近的小河，引申成自身的神怪造境嬉游，而此处同样借石鼎的诗，耽游于怪诞。狐手的鉴赏本身，即对源自此句的小品板画的自解，看作品再读此文，正是画家对自身构思直言不讳的难见一例。

·

志功从制作《大和秀美》或《空海颂》时对作品注入精魂，到在日常生活中边享受颂诵边化现成作品，且作为作品追求更大幅绘画本身的造型性姿态，是从鲤鱼画屋到荻窪的杂华山房逐步确立起来的。

·

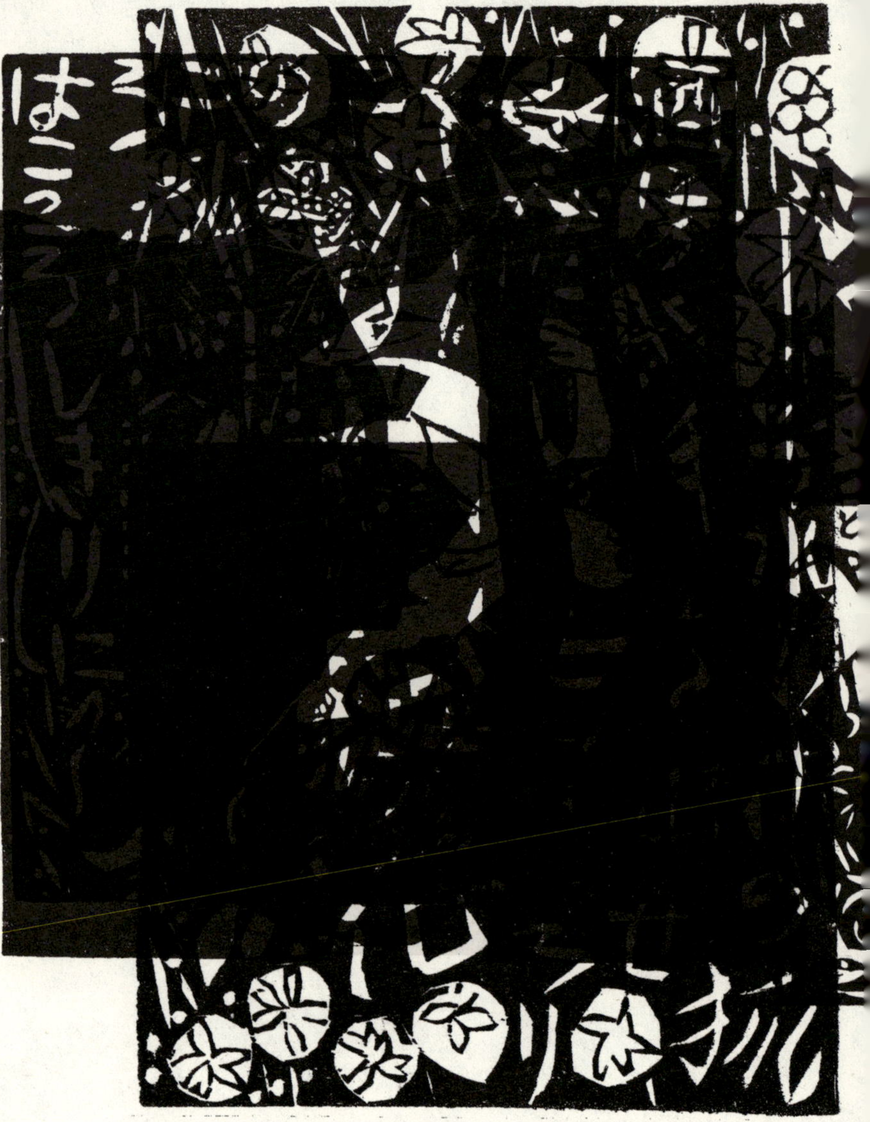

志功板画的背后

6.01 版画——1950年代国际状况

1952年春,志功板画在第二届卢伽诺国际版画展上,为战后日本第一次带来国际性美术奖。该展始创于两年前的1950年。

卢伽诺是瑞士的小镇,靠近意大利,湖光山色,十分秀美。展览会的正式名称是"卢伽诺国际白与黑展",出展作品还包括素描,也接纳彩色版画。志功的出展作是《女人观世音》中加入了女体的"回眸妃"与"仰卧妃"两件,均为背彩着色。由中世纪城堡改造的美术馆坐落湖畔,是在瑞士旅游或游意大利科莫湖时,想顺路一访的景点。

在欧洲,1895年开始的威尼斯双年展历史最早,但也要被放到夏天的旅游旺季举办。为了达到在国际上造舆论,提高展览类活动品位的效果,美术展看似被定位成了旅游项目的看点。

日本也许是地处远东岛国的特殊性使然,很少搞国际旅游宣传,这方面的国际意识先天不足,在美术展上也缺乏对展览会性质的一贯解释。

卢伽诺策划版画展时冠名"白与黑"展，并囊括素描，正反映当地的习俗，即将版画与素描作为一种轻松的鉴赏美术来消遣吧。

·

欧洲版画，自14世纪以来，伴随纸张普及而兴起。

·

版画兴起时，由于正处在宗教发达的历史时期，在任何国家它都是以朴素的宗教画形式出现。类似日本在厨房贴谨防烟火之类神社佛阁的木刻护符，西方是在暖炉上方挂替世人背负罪过的基督磔刑图，在盛葡萄酒的壁橱门上、香奁内侧也都贴上保佑平安的圣人像。这些版画，几乎都是无闻无识的画工及匠人制作原版，根据需要无限复制传播的。在盛行巡礼的时代，它是证明曾巡游当地的必备手信。

·

这些匠人及画工的伎俩，不久作为信息传播的手段，被活用到肖像版画、服饰版画、科学版画上，并用于扑克牌、卡片等娱乐工具的印刷上。

·

从雕板套印的民俗性宗教画，到活用其装饰性制作有图纹的卡片、利用铜版的致密再现性的东西，转变流衍约4个世纪，成为融入庶民生活的无名装饰美术的必需品。然而就在普及过程中，令米开朗琪罗惊叹的《圣安东尼的诱惑》的作者施恩告尔[A]，以及达芬奇的个性化版画崭露头角,丢勒、伦勃朗、霍加斯、普洛尼西、戈雅等铜版画的历史巨匠辈出。进入 19 世纪,石版画大行其道,杜米埃利用该技法的戏画,整版装饰了 16 开小报,鼓舞法国革命后的市民情绪,已成为珍如拱璧的独特美术作品。

及后,伏勒尔普及版画美术的构思水到渠成,是他使印象派作家们声名鹊起,被誉为近代画商之父。

> • 我这个人向来特别喜欢版画。一八九五年前后,来到拉菲大街一安顿下来,我最大的愿望就是找画家作画,我来出版。版画家一词被用滥了,就是作为画家一钱不值的版画专业户的称谓。我的一个想法是,委托画家而不是职业版画家作版画。这种有投机之嫌的工作,作为艺术却大获成功。本着这样的思路,勃纳尔、塞尚、丹尼、雷东、雷诺阿、西斯莱、劳特累克、维亚尔等,实验性地制作了那批今天推崇备至的精美版画。•

[A].
马丁·施恩告尔 [Martin Schongauer, 1450? ~1491],文艺复兴时期德国雕刻家、画家、铜版画家。[译注]

• 我现在还能回忆起来，跛脚小个子劳特累克，用一副错愕天真的眼神说话的样子。"我来制作《娼妇》吧"，最后他制作的是今天被视为其作品之一的《英国风马车》。以上所说版画悉皆彩色。但墨色也照样成功。惠斯勒把《一碗茶》、贝赫尔把《绢制的衣裳》、卡里埃把《睡着的孩子》、雷东把《老骑士》、雷诺阿把《母与子》、蒙克把《室内》、夏凡纳把《穷苦的渔人》的摹本交到我的手上。……这些版画无论施彩色还是墨色的，都与这里未列举的作品一并集结成版画集，制成各印百部的两套画集。第一集定价一百法郎，页数多的第二集定为一百五十法郎。两集销路均不佳。虽然策划了第三集，终于不果。然而，尽管鉴赏家漠不关心，画家本身却对绘画以外的这个自我表现方法产生了兴趣。甚至有一批画家做了一册全部属他个人的版画集。——尽管售价不高，鉴赏家后来仍表现冷漠，过了二十年版画集也没销掉。但必须看到，后来劳特累克的《英国风马车》在德鲁奥—蒙田拍卖会上标出一万五千法郎。除了《浴女们》，塞尚还把自己的形象制成墨色石版画。•

• 伏勒尔《画商的回忆》 井小山敬三 译 •

于是，20世纪初始，正值以香气四溢的巴黎为中心的近代绘画确立期，版画仅次于画框画，逐渐成了画家的重要制作方法。

•

据说以勃纳尔版画制作的《魏尔伦诗集》和《达夫尼与克罗埃》，因为是石版画而不是木板画，还遭到当时的爱书家訾议，然而无论任何时代哪一国度，大概都是掏腰包时受成法束缚的人，因智虑短浅而偾事吧。

雷东15幅石版画组成的《圣安东尼的诱惑》，也是在伏勒尔对美的关切历程上留下的宝贵版画。然而，更重要的事件发生在让夏加尔[A]、毕加索制作版画时。那是画家因版画而独创表现法即从复制性向原版性的跨越。

[A].
马克·夏卡尔［Marc chagall，1887~1985］，又译马克·夏加尔，白俄罗斯裔法国画家、版画家和设计师。历经立体派、超现实主义等现代艺术实验，发展出独特个人风格，在现代绘画史上占有重要地位。[译注]

• [想出版拉封丹的寓言]我委托俄罗斯画家夏加尔画插图。选择俄罗斯画家去解释我国诗人中最具法国味的诗人，这颇引人诧异。我从其出身和教养，想到了这位让人对神秘的东方备感亲切的画家，理由不外乎寓言家都是从东方的源泉得到启示的罢了。我的期待没有落空。夏加尔画了约百张令人炫目的不透明水彩画。然而，在移植到铜版上时遇到了太多技术性难题，画家不得已代以墨色蚀刻。•

我发行的全部作品中，在预告时最吸引爱书刊行家好奇心的，是巴尔扎克的《不为人知的杰作》，收录了毕加索的原版铜版画和木版画，是让人联想到角度、类似立体派表现的素描。然而，毕加索的无论哪一幅新作，直到"赞赏"取替"惊异"之日来临前都令人蹙眉。•

• 伏勒尔《画商的回忆》 小山敬三 译 •

由此，版画对在生活中渗透创建了近代美术的伟大画家们的形象，其功可见。

•

志功获版画大奖的威尼斯双年展，是1956年第二十八届展，同年的美术大奖得主是雅克·维永[A]；上届1954年美术大奖是马克斯·恩斯特[B]，版画大奖是让·阿尔普[C]和胡安·米罗[D]；1952年美术大奖是劳尔·杜飞[E]，版画大奖是埃米尔·诺尔德[F]；

1948年美术大奖得主是乔治·布拉克[G]以及莫兰迪[H],版画大奖授予了夏加尔。

[A].
雅克·维永[Jacques Villon, 1875~1963],法国画家,与雕塑家杜尚·维永[Duchamp Villon]及画家马塞尔·杜尚[Marcel Duchamp]是同胞兄弟。[译注]
[B].
马克斯·恩斯特[Max Ernst, 1891~1976],德裔法国画家、雕塑家,被誉为具有颠覆性的创新艺术家,在达达运动和超现实主义艺术中,均居于主导地位。[译注]
[C].
让·阿尔普又名汉斯·阿尔普[Jean Arp, 1887~1966],德籍法裔雕塑家、画家和诗人,达达运动的创始人之一。[译注]
[D].
胡安·米罗[Joan Miró,1893~1983],西班牙画家、雕塑家、陶艺家、版画家,超现实主义的代表人物,20世纪超现实主义绘画大师之一。[译注]
[E].
劳尔·杜飞[Raoul Dufy, 1877~1953],法国画家,以野兽派的作品著名。[译注]
[F].
埃米尔·诺尔德[Emil Nolde ,1867~1956],德国著名油画家、版画家,表现主义代表人物之一。[译注]
[G].
乔治·布拉克[Georges Braque, 1882~1963],法国画家、雕塑家,立体主义运动创始人。[译注]
[H].
乔治·莫兰迪[Giorgio Morandi , 1890~1964],意大利著名版画家、油画家。[译注]

我们发现，这里出现的获奖画家名单，是承接了伏勒尔回忆中的画家脉系。顺着这个线索，则栋方志功的获奖实与德国的埃米尔·诺尔德——他受梵高、蒙克的触发，在中世纪风的木版画中深化了表现主义的探究——的获奖相呼应，对这一时期欧洲人受容的姿态，亦可推想百一。

然而1950年以降，通过在各国相继举办的国际版画展，包括自卢伽诺后，卢比安那国际版画双年展［南斯拉夫］、东京版画双年展、格伦兴国际色彩版画三年展［瑞士］、克拉库夫国际版画双年展［波兰］、佛罗伦萨国际版画双年展、英国国际版画双年展、巴黎国际版画双年展、加勒比国际版画三年展［意大利］等，版画呈现了另一番景象，与这里列举的年代以前在威尼斯获奖的情形截然不同。

也许受近代资本主义濡染的大众化社会，与贵族时代确立的独幅性这一原版概念，不只停留在经济性问题的层面，也牵涉到艺术创作姿态与其作品的社会性本身，版画作为复数艺术，被要求与进步的平面技术［印刷技术以及构建］产生深入契合的新性格。1960年以后在这些展会的获奖作品倾向，可见朝这个新方向的摸索。

版画，即便是伏勒尔为画家的原版向社会渗透而构想的权宜之计，也并非作为回归过去手工印刷技术特有的粗朴民俗艺术，而是作为信息传播时代要求的全新复数美术，敦促着创作意图完全另立的作家登场。

突显的版画方向的变化，并非本书考量的问题。这里需要指陈的是志功板画的历史性存在意义在于，志功板画得到国际社会承认之时的，与西欧现代美术界关涉状况的理解，和明治末期兴起的创作版画运动以来旷日持久的版画社会认知，在 1950 年代以后版画繁昌的国际大背景中一举确立，津逮后世，其本身成为对日本美术发展的巨大推动力。

6.02 民艺——对版画的时代错误

然而,当栋方志功在板画上找到契合自身表现意欲的平台,作为国画会会友向版画界迈出强有力的第一步时,发现他特异的才能,以友情的援手拥抱其人品及画业的柳宗悦的民艺运动[A],究竟又为何物?

民艺是柳宗悦发明的新语。是"民众性工艺"之略,其定义为相对于贵族性工艺美术的东西。在那里,实用品为第一要义,第二是普及品。即由无闻工匠制作的、适用于平常生活的实用品。

它主张,通过着眼于健康的"用",与逐利的商业性滥造品区分,与趣味性炫示的、以装饰为主的东西划清界限。它认为,对生活必需的用之器,是要求大量生产的。比起天才的少量佳作,实用健康、批量制造生产的东西受到鄙薄,美的焦点被投向绘画、雕刻这些只作为美来欣赏的东西上,是生活堕落的开始。生活本身不美,何以只有看的东西有美可求?

[A].
由柳宗悦、滨田庄司与河井宽次郎等于1926年发起的旨在发掘日用品的工艺之美的运动。[译注]

柳所主张的民艺理论，认为机械的发达使人陷入单纯劳动，容易滥造以追求利润为目的的单调产品。它诱发城市文明这个病态生活状况，所以要将失散各地的匠人之手，导向老实的工艺意识，通过团队合作培育顺应时代的用之美。地方性传统保存下来的实用器物——即民艺品，本来就是美的。它不是出自一个天才，而是产生于名不见经传的合作者作坊，所以现代更要重新探究它的健全美。

·

有人说，柳的这个主见当初是受富本宪吉和巴纳德·理奇的启示，其实，它植根于英国工业革命时期追求人性、抵御机械的莫里斯[A]理论。不久，河井宽次郎、滨田庄司被引为同调，在仓敷的大原孙三郎后援下建起运动的母体——日本民艺馆。购置《大和秀美》，恰逢为民艺馆启动选购作品的时机。

·

那么，站在民艺的角度，志功板画被怎样定位并得到支持的呢？来看看柳的版画论要旨吧。

[A].
威廉·莫里斯［William Mrris, 1830~1896］，英国设计师、诗人、自学成才的工匠。他设计、监制或亲手制造的各种工艺美术品一改维多利亚时代以来的流行品位。［译注］

> 版画属于工艺部门。我这样认为。所以必然是工艺性要素越丰益美。然而,这个真理尚未被广泛接受。因为版画是绘画的一种,容易被理解为当然属于美术领域。一般而言,美术被看作与工艺相对立的概念,所以会认为表现美术性的要素越多越美。果然如此吗?美术性足以解读版画的美吗?——版画滥觞于实用性。诸如护符或如插图,是以广泛流布之便为宗旨而刻版印制的。古时基于信仰性的需求居多,例如菩萨的形象或圣经的故事等。所谓纯粹绘画是谋求自由,讨厌此类制约的。也可以说,选择自由的表现即美术之道。版画不是自由绘画,是工艺性绘画。美术是个人的直接表现,工艺是个性的间接表现。抑或可以名之为"非个人化之道"。在这个意义上,版画的美超越了个性美。
>
> 柳宗悦《版画论》[《工艺》98 期]

于前章看到西方版画的轨迹,读过伏勒尔见证的近代以来版画社会性的读者,不难理解这个煞有介事的理论,与时代要求之版画如何相悖逆行。

明治末期,石井鹤三及山本鼎取名"刀画"而开展的自刻木版运动,正是与20世纪初巴黎的画家们,或德国表现主义画家们的木版画活动相呼应的美术运动。它收获的果实就是志功板画,却为生活所迫,要与道不同的民艺派人士为伍,这里可窥知日本近代社会可叹的扭曲。

战后1949年,保田关于志功板画摆脱民艺窠臼的认识是正确的,美术界理应从这个时期开始密切关注栋方志功的作品。然而,柳宗悦反而在筑摩书房刊行的板画集封面上,以《栋方志功板画[ITAE]》为标题,并标注了这个时代错误的读音,收录作品的选定亦以此恣意的观点而为,连同编辑排版,无不让人疑为旨在对栋方美术的现代性大而化之。

尤其，他激赏"基督"那种装饰性图式化的版画，就是对志功自《命运颂》以来艰难开拓的、向近代造型思考转舵设置障碍。志功是善于讨喜的人，这在他献给民艺三人的报恩作《钟溪颂》《道祖土颂》《柳仰颂》中，将受赠本人戏画化上有充分体现。

这些作品作于1949年到1952年之间，最后制作也最图纹化的是《柳仰颂》，其实，作家自身更应明确地摆脱民艺。然而颇具讽刺意义的是，此后面世的几种志功作品集，从作品选择到编辑都很粗糙，只有柳版表现出最鲜明的编辑姿态。

6.03 误解的梵高

志功从憧憬梵高开始真正走向画家之路,是来自梵高的一幅原色印刷画的启示。

梵高的画,往往于表现的自我投影性上产生强烈影响。人们似乎由此感到讴歌产生的陶醉意境。然而,梵高绝非陶醉着讴歌他的画。梵高出生于1853年[A],生为基督教牧师之子。中学毕业后到海牙做画商经纪人,不久转入伦敦店,又进巴黎总店。他在那里受当时的新思想熏染,深为人道主义的小说、描写穷人困苦的美术打动,对经销以画框包装的虚饰绘画失去信心。23岁辞去画店工作,远离与父母的不合与忧虑,辗转寻求适合自己的职业,终于进了神学校,试图以圣经的精神与穷人吃住一处,用布道拯救穷人的苦难,与矿工一起劳动生活。

[A].
时值日本的嘉永六年,贝利率美国舰队进入浦贺,打油诗中"才饮四杯上喜撰[JYOKISEN],一惊太平梦中醒,夜不能寐已丧魂"的人心惶惶那年。上喜撰是茶名,双关当时闯入的蒸汽船[JYOKISEN]谐音,正值浮世绘的歌川广重大显身手的时代。

他想解救娼妇，反遭其责难，嫌他妨碍了生活；他也为失恋苦恼过。他那以《悲哀》为题的著名作品，如实记录了那时的感伤世界。他有很好的素描根底，曾摹写过米勒的画。梵高以爱心为穷苦大众分忧的尝试，统统以失败告终，他对通过职业对社会的适应性也很失望，立志当画家自立，是1883年30岁以后的事。

·

《吃马铃薯的人》和《鞋》涩暗、滞闷的现实主义，正是基于梵高这种生活情感而作。两年后梵高来到巴黎，投靠做画商经纪人的弟弟提奥。这个时期，梵高第一次看到浮世绘版画，从那明亮而柔丽的均衡中，受到某种对光明新世界的暗示。他在巴黎结识了皮萨罗、德加等，与劳特累克交友。他摹写广重的《大桥的阵雨》《书签树》等，用该色调作了点彩派风格、亮丽的《唐吉老爹》。唐吉是画材店的老板。正是这个时期邂逅了高更，高更比梵高年长五岁，40岁之前做股票经纪，是生活优裕的社会人。

·

高更就像得到了天启，突然舍弃此前的社会地位，立志当画家，与梵高立志从画的时期巧合。那之前，高更就在支援印象派画家们，在内心培育了对美术独到的见识。

·

高更通过其职业，对文明发达的城市生活的虚伪，剥蚀人性的本源不胜心寒，向社会发出警告：为了还人性的本质，必须再次找回原始的健康。他为此选择了绘画表现，所以将印象派的自然主义的虚构，斥为小资的妥协。

·

他的新绘画方法论，主张均匀单一的色彩、无阴影的光、素描与颜色的抽象化，以及从自然的超脱。这个方法论，与梵高从浮世绘得到的暗示扣合。高更从梵高那里知道了浮世绘，梵高从高更那里得到从浮世绘式描画法拓展路径的启示。

·

从此，高更确立了以《黄色的基督》为首的象征主义，而梵高则获得了在阿尔勒的开放表现。

·

其间，梵高的人道主义关怀丝毫不减。

·

梵高在阿尔勒抓住的是，以存在本身对讴歌自己的实存性东西的把握。如果看作梵高的投影，它是陶醉，然而并非如此，是对象本身在明确主张自我的存在。这一点，与1883年前的绘画——对象是作为同情心这种自我感伤存在——比较，清晰可见。

·

梵高发现事物本身的存在性，因而得到了救赎吧。即，《向日葵》作为向日葵本身，主张其切实的存在；《有丝柏的道路》其本身的主张熠熠生辉。在那里，人物在其人性上都是闪光的。邮递员，他的妻子和孩子、自己的脸，草木花与风景，构建在同样的主张性上。

音乐与文学具有经时间考验，在受众中潜移默化的力量，而绘画全凭一瞥的印象。因此，它很难以文章描述乃至言传，要是像梵高这样身后留下善辩的文字，人们就会向大量存世的梵高信函寻求意象的证据。甚至有人错觉梵高的价值在于书信，殊不知有画才有证据的意义，而似梵高的画能以画本身达成完结的实属罕见。

所以，纵使从一幅粗糙的彩印作品，也能诞生栋方志功这样受启迪的画家。这种场合，毋宁说梵高信函中所示的求道性，全不相涉。

或许，其表现是以浮世绘的呆板色彩描写为本，在这一点上，有某种帮助理解的线索。因为风筝绘、彩灯绘均属浮世绘之末流。而它们与其看原画，也许看粗糙的原色版印刷更易接受。这样看，当志功致力于板画时——

> • 梵高有一幅画，是描写他特别喜欢的堂吉老爹，背后原封不动地照搬广重、英泉、歌磨等的浮世绘。连那位梵高都把日本的版画视为神明了[我爱把摹本说成神明]。连梵高都这样啊……想到此，我已经按捺不住自己了。•
>
> •《我要当梵高》•

从这个对梵高的解释出发，可以说明摆着是误解。当中有某种错位。这种错位，在山下清的贴纸画被吹捧成日本的梵高之际尤甚，鼓吹者是向日本翻译推介过梵高的那位式场隆三郎。

•

在山下因梵高而名噪的时候，志功厌恶被混为山下的同类，连梵高也不大提了。本来嘛，就当栋方志功不是很好吗？何必被身边跟风的诗人之类怂恿，非说《我要当梵高》，谬托知己。

•

反而是高更、蒙克向古风方向创作，使之与浮世绘的精致木版效果对立，德国表现派的诺尔德、基希纳[A]、黑克尔[B]、罗特卢夫等讲究拓印效果的自刻木版时代由此开启，在此基础上使更彻底的板画方向浮出水面。

艺术，往往于以误解为滋养处，见卓越的天才诞生。

[A].
基希纳 [Ernst Ludwig Kirchner, 1880~1938], 德国画家, 代表作《柏林街景》《市场与红塔》。艺术语言简练, 追求变形, 呈现几何形构图。[译注]
[B].
埃里希·黑克尔 [Erich Heckel, 1883~1970], 德国表现主义艺术家。强调色彩对比, 喜用急速运转的大笔触勾画形象产生粗犷的艺术效果。[译注]

6.04 求道之师——河井宽次郎

梵高以一幅画给人以绘画表现上的启迪,而其求道者的一面,则通过河井宽次郎的启蒙,在志功心灵上形成补足。河井虽然是陶工,却具备陶工鲜见的匠人性格以外的一面,探究事物的合理性,重视人生观。

他对同为民艺圈子里的同人接受"重要无形文化财产"的认定深为不悦,始终向身边的年轻陶工们喻以无闻的重要。其作品即使是无铭的作品,也具备严谨而无人企及的独创性,无论是在形制或在图纹上。

志功与河井邂逅之前,称其工作室——那时还是大杂院的一个房间——为眺镜画室。室名毫不掩饰来自对眼睛这一身体缺陷的抗争意识。

然而,在河井家度过的四十天,耳闻东涌西没的觉悟境界,经历八天对《碧严录》了悟于心的宝贵体验后,名之杂华堂,是将身心安顿于杂华庄严的华严境。从他不取华严之名,反而越见其文人的悟性吧。

[说点题外话,志功死后的戒名,成了"华严院慈航真海志功居士",是怎么回事?华严是其生前的居所,志功于1952年受之于曹洞宗管长的,是"慈航院志功真海居士"的居士号并紫络子。戒名这东西,无非和尚迎合遗族的敛财之术,无大意思,虔诚的人生前因其信仰的深度,被授居士号倒是真的。不是长了就好。志功的信仰心等同法眼位,已经得居士号了,所以牌位理应用本来的居士号。青森多曹洞宗寺院,何况志功也说是受曹洞宗养育,受之于河井的禅教育与该管长授居士号,对他是福至心灵吧。其时,容许千哉夫人用"楝径院芳涯千野大姊"称号。楝径者,楝的小径也,即开着志功喜爱之花的林荫小径。

顺着题外话说开去——这一年,志功见到了去世前夕的武者小路千家的掌门人愈好斋,即那位有近代学匠之誉的官休庵愈好斋,被授予"宗航"的茶名。志功是请人家将慈航的航,加在千家脉系的宗字号上了吧。茶味与禅心,均为当年于河井宅初识之道。千哉夫人最好官休庵的茶。]

河井宽次郎的思维方式,见诸宽次郎对自己说话的自解,现抄录如下。

- **万物万类　是自己的表现**
- "物"在那里。真确地看见它在那里。本来它是什么呢?那里有数不尽的物。在目力所及的那里。
- 本来它是什么呢?仅只它是它,物是物吗?或者那是独立存在的别的什么呢?如果说这个物在表现自己以外的什么,这个什么究竟是何物?未知祸福孰是,我们并不住在它的里面。物在那里。确实现在就在那里。但是,在那里的物和与之相向的自己有什么关系呢?这个物是与自己全不相干的别的什么吗?别的什么相互关涉。——这种事可能吗?既然无关可以不管它,却又息息相关,这一事究竟做何解释?
- 你变它也变。——这,究竟做何解释?乍一看虽是别的,却为看不见的东西紧紧地连在一起,这是凿凿证据。有什么是不以我本身表现的东西吗?

• 本无论是谁站在物前，都不得不意识与那个物同位、同量、同质、同时、同处——的我在那里。就算理解不到这一层，或不这样认为，但是事实如此没法子。没法子的我们，正是这样的生命。

• 以完全自身表现的世界。唯我不能表现的世界。只属于这个人的世界。不管有意无意，因这个人而异的世界。不管深也好浅也好，宽也好窄也好，那本身就是这个人的世界。无以复加的世界。人不可犯的世界。——人，是此等世界的居民，如何得了？它是它，同在一个相类的又因人而异的世界。

• 一切境由心造。所以是尽情打造的世界。无限可为的世界。这，才是真实世界。——唯此更到哪里觅见真实世界呢？

• 人，没有被缚住。可曾有被缚的时候吗？如果认为被束缚，束缚的是你自己。人早就被解放了。事到如今还要被什么解放。

• 河井宽次郎《火的誓言》•

物本身存在的解放感，是使自身的生存安顿的世界。这个思想解放了志功的自卑，将其斗争性转向良性发展的方向。可以说这是无关民艺的东西。再往下看看河井说及其解吧。

- 自己打造的自己。
- 自己选择的自己。
- 自己规定自己的自己。限定自己仅此而已的自己。所谓自己，即自己打造的场所。所以是尽情打造的场所。无限可为的场所。
- 站在没有场所没有的自己。除此，吾等的场所何在？打造什么样的自己？选择什么样的自己？人都拥有作为我以前的我——人皆有之的这个我。这才是无病的我。无苦的我。无老的我。想污也不可污的我。总是生机勃勃的全新的我。无可去之亦无须附加的我。不学而知之的我。不往而能达的我。醒时睡着的我。睡时醒着的我。

- 想看到新的我　所以要工作
- 人皆不需要昨天的我。不需要重复。再怎样以为是在重复，也总想于重复中看到不重复的自己。无论怎样迫不得已的工作，都为看到更新的我而一再被拖下水。除此还有推动人的动力吗？

- 买来东西　买来自己
- 如果有人买来自己以外的东西，我想见识他。人们会说吧。虽然讨厌，但没法子只好买了。这个物才不是自己哪。但是，他除了没法子的自己以外买了什么呢？

- 河井宽次郎《火的誓言》

这里的见识,对禅的心物一元式开放的世界,有入木三分的解读,胜过读禅语、听僧说法。河井的思想言近旨远,令很多日本特色的人或书本难以望其项背,其作风亦是激情奔放的表现,与所谓日本特色的枯淡寡寂的境界截然不同。

·

这在姿态上,也许与梵高书信展露出的强烈求道精神一脉相通。而在思想上,却与西欧的二元相对观判若两极。其作品于 1937 年巴黎世博会上获金奖。

·

与如此人物结识的可贵,在志功《华严谱》以后的工作上有鲜明印证。河井宽次郎于 1890 生于出云安来,1966 年 76 岁亡故。葬礼是在紫野大德寺的珍珠庵举行的。

·

6.05 表现主义与板画

表现一词与印象相对。只要看英文 Ex-Pression 和 Im-Pression 的语源便可了然，"Ex-" 是表示由内向外的行为，"Im-" 是表示由外向内的行为。印象［Im-Pression］是依眼前的印象忠实描写对象，而表现［Ex-Pression］是借对象表现内在的强烈感动。

其区别简单说，好比画苹果，是照着水果摊所见苹果的色形［印象］如实摹写呢，还是根据吃后的味觉产生的感动或苹果带来的个人记忆表现苹果。

印象主义，常被视为西欧近代美术的起点。它发生在 19 世纪下半叶。马奈、雷诺阿、莫奈、德加等画家是其代表性巨匠。伴随着各个画家的名字，马奈的人物与风景、雷诺阿色彩华丽的裸妇、莫奈的睡莲、德加的小舞女等代表作，仿佛浮现眼前吧。它们生动描写了自然的瞬间动作和印象，捕捉着风景在阳光下，随着时间推移，物影摇曳、色彩微妙变化的情状。

直到这些被称为印象主义的画家们出现之前，画架不曾从昏暗的画室被搬到户外。画家们在室内苦思冥想，如何在视觉上再现对象造型？怎样使观者真实感受所描写的对象？从文艺复兴时期到印象主义，历时五个世纪的西欧美术历史，堪称在描画照片。这是看肖像画最好理解的。那里只有褐色的明暗对比，从特定的角度对人脸照射烛光，使轮廓浮现出来，忠实描写得像精密摄影一般，连胡茬儿也要纤毫毕现。在这个意义上，印象主义与摄影机械的发明同期而至，是饶有兴趣的。达盖尔发明今天摄影之源的银版法是1837年，略早于印象主义出现时期，有一幅杜米埃描写摄影的漫画存世，画的是达盖尔在塞纳河畔竖起暗盒相机，正在眺望新桥[A]对岸的景色，下书"忍耐者驴之勇气也"。当时的照片，曝光需要很长时间。

当然其间人绝不能动，也没法拍动态的风景。活跃在当时的巨匠德拉克洛瓦、安格尔、米勒、柯罗、杜米埃，这些三十到五六十岁的画家们，总该有过一次站在相机前拍肖像吧。他们是印象主义出现前夕的画家。

[A].
Pont Neuf，巴黎卢浮宫东侧的名桥。[译注]

达盖尔的新桥照,与雷诺阿 1872 年描写的新桥形成对照。画中,往来于桥上熙熙攘攘的人物动态,出现在盛夏正午的明亮阳光下。人们脚下补的色影与碧空浮云相辉映,产生了跃动的节奏。其鲜活与静止记录式形态的、在无人时段拍摄的新桥和背景建筑照,不可同日而语。

然而,批评家们看到这幅画却不屑:"这算什么? 不就是单纯的印象吗?"印象主义,源于称被贬为印象的一批画家群体为印象派,不久即指在阳光下真实素描、刻画对象的绘画方法,谓印象主义。

1905 年成立于德累斯顿的"桥社"核心人物基希纳写道:"日耳曼的艺术创造,与拉丁民族的艺术创造判若云泥。拉丁人从对象出发捕捉形体,在自然中发现形体。日耳曼人则是基于内在理想,从纯粹的幻想中产生形体。对于日耳曼人来说,眼见的形体是象征。而对于拉丁民族而言,是在现象中承认美,日耳曼民族则是向事物的深层探求美。"可以说,志功是在事物的深层看到了精灵崇拜的统治力。出现殊异性的是,当讴歌生命的表现于此确立时,反而不主张自我,而是纯真地打出更普遍的通感要素。

一般认为,对德国表现派画家们产生影响的,是原始美术、梵高和蒙克。

•

人的感动是在最朴素的状态下得到确认的。从经过训练的常识化的模式中,很难发现感动。20世纪讴歌丰富个性的美术得以绽放,原始美术成了这个意义上的重要兴奋剂。

•

蒙克1863年生于奥斯陆。他在挪威学习印象派画法,19世纪末来到巴黎求学,因不满足其方法而移居德国,1897年到1909年期间几乎都在德国度过。他在那里得到表现派"桥社"的支持。蒙克的作品表现了心理层面的感觉。它与将问题意识集中在光和色、色调和构图上,完全斥拒文学性的印象画具备的印象主义特性,全然异质。可以说,如果印象派的作品是谋求客观性认识的纯度,蒙克的美术就是对生命不安的表现。

•

梵高也是从对人生的深入考察,不满足于印象主义的印象性对象描写,而确立了内在感情的描写。

•

蒙克也很早被介绍到日本,然而其影响在画坛主流不见踪影,仅于大正至昭和初期的版画中有迹象可寻。为诗人萩原朔太郎所欣赏、夭殇的版画家田中恭吉,即其代表性存在吧。田中恭吉是木版画家，可怪的是德国表现派画家们也热衷于木版画。蒙克也有木版画代表作。

·

这，意味着什么？

·

细想，虽然称作版画，但从石版画现在几乎不用石头，而过渡到锌版可知，是与凹版印刷同样，以手绘原本的复写性为主；铜版画在尖笔手绘中要加入药液腐蚀的版效果，但在很大程度上仍靠手绘本身的表现力。即使是直接以刀雕线的尖钢［Burin］雕铜版画，作家的表现意识也是直接被转印的。木版画亦然，像木口木版画要求如尖钢雕的细腻技巧，通过其技巧性，如实反映作家手迹，作为作品的造型。

·

然而，使用柔软的木纹木版，却只能追求最真朴的表现。反而是程式化的造型，单纯打出的黑白面、线、点，比手绘描画更具主题性，吸引人的视线。毕加索作胶版画［Linocut］时，使用被视为比木纹木版更纤细的素材，他以圆底刀的刻线节奏、以面的对比摆布人物的版效果，渲染戏剧性情感，与志功的大作板画基于圆底刀的版效果与解释，有异曲同工之妙。毕加索的素材解释与志功板画表现的对比，值得关注。

·

蒙克的《呐喊》，可以看到油彩和木版画两种，诉求性还是木版画明显强烈。这似乎暗示：朴素的感情表现，与其用油彩，毋宁用容易抑制线描，从而抑制奔放情感的木版画，更为适宜。

·

蒙克认为绘画有两种方法——基于色调和基于线描的方法，若画面要求深度与创造性的结合力，就牺牲轮廓线发展色调关系吧。反之若期望运动与节奏，就牺牲色调发展线条吧。这里也折射出版画的可能性。

·

志功板画与蒙克式不安的世界，显然风马牛不相及。也可以说，志功板画反而是在画面中祭奠着对生命的高亢赞歌。当栋方志功的目光，直觉地投落到在版画中唯木纹木版独有的性格上时，便开始萌发要叫作"板画"而非"版画"的特殊意识吧。

·

志功板画在穷尽德国表现派发掘，本着近代要求的木版画的可能性，完结于以"板画"另立的特殊性的式样化上，有其存在意义。也可以说，生长在东北雪国的志功，与基希纳所说北欧日耳曼的环境有粗通的要素。说起来，进入昭和时期以来日本画坛的主流，是以野兽派一词称谓、对印象性描写相对粗略化的东西，占据了画框画的大半壁江山。

·

野兽派，实际上是指从 1905 年起的短短三年期间，某种知觉上的实验期——因为对象描写仅限原色的探究，马蒂斯、布拉克、乌拉曼克、杜飞、马尔凯、鲁奥这批个性化画家们，画出了同样的燃烧般的自然，三年燃烧过后，各自走出殊不相让的大道。

传统南画如"胸中山水"一词所示，建立在写意的主观表现上，是不以描写为主的不同路径，所以，借偶然相似的、跨时代的耦合，称那些变了形的自然描写为日本野兽派或文人油彩等，久而久之，生拉硬扯地成了主流；反而将表现主义在日本的可能性探究到极致、确立板画式样的人们却落了旁系，日本美术界的体制不能不引人深思。

はるごのこ

交互彰显的艺业足迹

· 栋方志功

7.01 倭画——日本绘画之心

志功称其水墨画为倭画,是战争刚结束的事。他疏散去富山之际,得到了福光町光德寺的照顾,这是经河井宽次郎介绍,原来就认识的。在那里期间,他从自然中得到对画法的启示,那与他以前回乡时在月亮里看到善知鸟——善知鸟月,是同样的灵性感受。

• 桑山躅飞秋来早,龙胆漫山色已深。•

• 这首短歌,现在成为了十尺高的红色花岗岩歌碑,竖立在光德寺境内。躅飞山是光德寺的山号,踯躅山是光德寺后面的一座小山。一到春意盎然的六月前后,白、紫、蓝、朱、红荟萃的杜鹃花大放,漫坡遍野,与其叫盛开,更像在炽热地燃烧,每一朵花都在欢腾狂舞。•

• 一天早晨,我不经意地来到踯躅山,置身于杜鹃怒放的光焰之中,得到强烈的灵感。灵感像光一样倏地传遍全身,宛若持晕染之笔,绘绷华彩,浓淡有致。我急切地要将这神奇的感觉、这情状带到画中,难以抑制身心的震颤,健步如飞地冲进寺院。•

- 此前我受光德寺之托,接受了描绘四面一体的隔扇,和邻旁高三尺的两面隔扇的工作,正准备画巨松。而从躅飞山盛开的杜鹃花得到灵感的现在,正是一气完成画作之时。我一回到寺里,立刻哭诉似的喊夫人"拿墨来!快!"眨眼工夫穿上围裙,电光石火一样画了起来。——我用三四管毛笔蘸饱墨,让笔互相交错着,向下面摆放着的隔扇滴下墨汁。那里出现了源于自然、胜似自然的晕影、阴翳,大小上下、高低错落、形态各异的百花争芳吐艳。
- 我心生狂喜,至今沿用此法,走自然天成的晕染之路。粗大的老松周遭,被杜鹃花层层覆盖。
- 我给这一发现描法,命名为"躅飞飞沫隈晕描法",成为我的描法之一。

《板极道》

倭画的称谓,此后很快开始启用,而与遇上布罗肯山妖精相似的、从自然得到的这个天启,成了一种确信的根本吧。倭画是使用画碟颜料,以赤橙黄绿青茶的基本六色与墨色作画。

· 桃山时代笔者不详的、屏风和襖绘的花卉画工。我对地道的画中百花缭乱,心向往之。我这个人不大信服别人的、包括自己的写生。归根结底,画只是梦幻。自然的休想做到。因为是让精美的东西再次获得生命,所以是画。·

· 我在佐渡的寺庙,见过神社的"KAIRUMATA"绘,是从一根干上生出的牡丹,花、蕾颜色各不同,叶子也是群青或绿青,那并不可笑,对于绘画的形式庄严地凝聚于花丛之上的气韵,反而心生敬畏。我从无名工匠笔下开出的"绘之花"中,见到冷艳的真实。它比自然的花、绽放的花,更具旖旎风流之致,我为之感激涕零。我认为,涌于、没于画事的惊心,才是妙不可言的画。——桃山的障襖及屏风的功夫,才是纯粹的真功夫。无论樱花松树牡丹,花都是画,尽在画中。不管板画、倭画、油画,我都喜欢花。尤其爱画龙胆、水菖蒲、荷兰菊、铁线莲、牵牛花。还有紫色的蔷薇,她是故乡的花,所以喜欢,常画。画花的手法,从插图到装帧,我都不写生。颜色也以直接用原色为主。调色或用笔过度,总会变得像花,或像自己的污垢染到画上,是我所恶的。·

· 《板画之道》·

志功通过他对铁斋的感想表露出来的、没入无我的欢愉，详见前文水墨画一章引用之中，而此处他更以胸中花的意象，直抒向梦幻的思考。

•

虽此稿阙如，其后志功画花，多画丁香花。而画得最多的是鲤鱼。鲤鱼有其独特的活现，志功不无自豪地撰文称这种活现为绘鲤。

• 画上的鲤鱼有三十六片鳞，从鳃到尾连着一字排开。可不是中国菜最后一道的糖醋鲤鱼那种甜家伙；与水里游的、被孩子追逐，翕动着嘴巧妙地接住掷给它的麸子——那么小气、垂涎欲滴的家伙们，截然不同；与亦蒸亦煮做了盘中餐的呆头呆脑，有所区别。听着！鲤鱼都是鲤鱼，不过这叫我的鲤鱼……不是夸口，自高身价。怎么样？活该！管它什么鱼鳞不鱼鳞！说什么五七三十五片，少一片啊！不管鱼鳞还是什么，都像烧伤的肌肤，光溜溜的。在雨夜中，扑棱扑棱地。梳低发髻不是，梳高发髻也不行。哭得天昏地暗，死去活来。宽袖的和服，那种秋草还是什么晕染的和服。他妈的，我说这位女侍，别哭了行不行。再哭山上的鬼就下来了。妈的。大叔帮你——抬起头来，行了，来。这样抬——这、样、抬、起、来、好、了——瞧瞧——哇——来啦，啊！是一个扁平的、鲤鱼呦。没事的，不要你的命。比方说吧。即使不打比方。打比方的话，是妖怪。池塘里游的家伙，是见到这绘鲤就羞得往水里钻，不肯出来的可怜虫。绘鲤。我想成为画这样的画的画家。

・《板响神》・

号称倭画的画法之本事，被他说尽了。那是日本画的规范形式难以曲尽的、绘心的世界、梦幻的世界。

・

人们动辄从他与民艺的瓜葛和灯彩绘、风筝绘的联想，曲说志功的水墨画，这未免太表面。他从画痴的早年，就无法割舍对油画厚重表现的歆羡，以程式化的板画画面效果为同一块土壤，同时在心手相应地描写日本人美感底层深固的强烈梦幻处，别构了独家画境。

・

可以推度，奠定了志功对倭画信心的"踯飞飞沫隈晕描法"，就是与1951年《命运颂》后坚持只用三角刀和圆刀的、板画的阴刻世界接通的土壤吧。

・

有求必应，即使不熟悉的画题也当场作画的志功水墨画，长短不齐，也有粗朴稚拙的游戏笔墨，但是兴会淋漓时却在笔下幻出奇诡、灵气飞动的笔致，一似经过深思熟虑的描写。

・

板画的称谓始于1942年，倭画则在1947年的文章中初见。我认为，将这位画家对作品风格创见性的鲜明意识，直接用于年代划分，分别称呼作品，最易看清其脉络。诸如板画中"栅"字的用法，像集英社版栋方志功那样，连习作期的一件件小品也叫"栅"，未见佳妙。不沿用发表时的画题看梳理，只会徒生不必要的混乱。

·

《蓬莱曼陀罗》，作于1966年，细看会发现，以配有"寿韵"字样、类似正殿的建筑物屋顶为中心，蓬莱岛被柔软的椭圆环绕。在它的中心下部绘三门，有一建筑物，黄色台阶通往正殿，正殿背面松树葳蕤，松枝收敛于椭圆的上部，其上方似一刀雕的民艺风凤凰正在展翅。

·

凤凰的左右，对称配以有三足乌鸦的太阳，和有玉兔的月亮，两对仙鹤相向飞向中心。

·

与仙鹤和太阳的相称呼应的画下部，以岩石取平衡，岩石上蹲踞相向的亲子龟。椭圆的左右，巧妙地以红绿黄杂糅的花木和柑橘树枝收紧，上下是瑞云与立浪，淡化的原色波纹从外侧勾勒出椭圆的轮廓，向堪称灵性的超椭圆处，寻求曼陀罗的向心力。

·

谛视所得纸面，率意而生的构图法，以如流的笔致产生节奏，率意呼应的色彩交错以抽象的节奏抓住造型，打造出梦幻的世界。［为此，志功的画很难剪接使用。板画亦如是，因其特质并非以部分的密度，而是以总体构图性见长使然吧。］看了这样的作品，可以说倭画正是画痴的本事登峰造极的、他自称的妖怪世界吧。

7.02 书法——文字与表现相搏

在富山的疏散地发现了"蹈飞飞沫隈晕描法",建树对倭画的信心不久,志功邂逅了同在该地疏散的前卫书家大泽雅休。战后,与抽象画相呼应,被称为"墨象"的书坛的前卫活动中,比田井天来门下的上田桑鸠和大泽雅休可谓先驱者。

·

摆脱古典临书的范围,如何既坚守作为文字的书法立场,又开展不受文字制约的创作——正值这个书法家与文字厮磨的时期,雅休与志功相遇了。这让志功对以前通过会津八一接触到、全当是业余爱好的书法大开眼界。

·

冲击文字本身的造型性,这反而是志功心之所喜,性之所适吧。从这时起,志功对书法的姿态已甚明白。即使在板画上,《瞒着川》与此前制作的《火的祈愿》,字体已经明显不同。

·

至《火的祈愿》之前,文字上仍留下袅袅的笔线效果。而到了《瞒着川》已经得心应手,以板刀的气势留住文字本身的紧密造型性,甚至开始追逐笼字——字体加边框、中间白刻——的乐趣。从板木的自刻签名可以观察到这个历程的踪迹,并窥见作风的移嬗。

·

而在雅休周边,反而兴起了仿志功的玩命笔法,有趣的是书家一心想离弃文字,其意识益使文字没有根底;志功随手挥洒,文字反而愈增加厚重的气蕴。

·

书法,是他从板画第二期直到晚年任情恣性、玩入骨髓者。《画坛三笔》一书面世时的信件,展现了志功晚年的书法观。

· 最近多见书上谈到文字的问题,却欠思虑得让人寂寞。毕竟中国是书法的原产地吧——像近来那些鼓吹张三李四,尤其特定画家的书法,让人啼笑皆非。那种徒有其形,没有神髓的东西。——因为字与画家的画不同,是无法负其责的,我只是觉得舒服写写而已,字是非常非常棘手的事。·

· 我认为,写字过于僭越了。看中国堂堂的字,日本人的就像被日本的故意作态给阉割了。古人还不是师法中国啊。·

志功当年点破日本西洋画无非对西欧画家模仿的姿态，而今透过玩命20年的笔法，喟然于日本人的书法古来只是向中国的学步，对画家擅造型而流于机巧的书法，大兴没有神髓之叹。

最晚年，他见到副岛种臣的楷行草杂糅的大幅诗书，断言有喜有惊。这"惊"字，可以说是他脱离趣味性，对通过文字窥书法之堂奥的、非同寻常的憧憬。

7.03 油画——表现意欲的根基

栋方志功的名字,以志功板画之名深入人心。然而他对绘画的表现意欲的根基却在油画,出发点是梵高的向日葵。

印刷成册的作品集,最早问世的是 1942 年昭森社刊《栋方志功画集》,包括原色十号的人体两幅,其他二号到十号的油彩十六幅。他在后记中记到:

- 我知道,画油画比作板画、日本画更让我赤裸裸。
- 我为描写的"意义尽大"着魔,对油画醉心。油画颜料让我难以抑制"感情的汹涌"。
- 油画颜料的魅力,让我的工作更裸露无余。我认为油画颜料的重大性质,完全全在于对"描写"的挥进方便。舔嚼、抚摩、鏊胶等,是对方便法门的极大亵渎,从我对绘画的决心而言,是绝对不会以此不地道为"道"的。

他用的是艰涩的字,也就是说像舔着嚼着、摸着抚着、加大黏度之类对油画颜料的邪门用法,非油画的正道。油画的正道尽在"描写"之中。这是他针对用趣味性的邪门歪道使油画日本化而发的警世之言吧。

通过板画满足了对间接性和干燥世界的表现的志功,以倭画向桃山障壁画中寻觅日本人心底潜流的、对美感的信赖,确认并表现他的梦幻世界。

而油画正如他此处所宣示,是不放弃彻底地描写这个由梵高触发的对油画的憧憬。描写的原点不是建基在写实主义、自然主义,例如以肖像画为本的、服务于对象的姿态,而是以梵高挖掘人性深层情感表现的色彩解放感为本,致力于直觉地抒发原始本真的感觉,由此可以认为,在日本被培养起来了最率直的表现主义立场。志功的立场与德国表现派画家们未受过美术学校的教育相照应,纯属偶然。其表现主义的主张,通过板画明朗可见,而他还在各个适当时机集中作油画,策划举办个人展览。

·

战后1954年,因为从二层楼改建高层建筑而临时关闭的资生堂画廊,最后办的展览就是志功第一次油画个人展览。其后是他在1959年羁旅美欧〔一年半〕生活的收获。

·

油画除了初期外没有其他大作,全部为三号到十五号不等。

·

他与土门拳去琉球旅行时，留下了志功画油画比土门拍照还要麻利的笑谈。其实好比在说趁热打铁、涂上想要颜色的手疾眼快，好一个俏皮的调侃。

·

将描写的制约，作为倾泻内在情感的手段，置于描写姿态的原点，是他独自的解释。这种对于醇厚的油画描写的执着，恐怕与近代绘画从画面中斥弃了文学性——它发源于从印象派到野兽派的近代绘画起点——不无关系吧。无论板画还是倭画，志功每每赋予丰富的文学情绪，使画风丰腴起来。制作板画时，则借助裸妇的照片实现造型。近代绘画与自然描写诀别的起步，与摄影的发明和发达并驾齐驱，从这一点看，志功板画利用照片，涵盖了对摄影与绘画相互交杂的思考。

·

志功以板画表现，以倭画表现，和以油画表现，使用的媒材不同，造型和色彩运用灵活，各见功力，但那里却有一以贯之的共同个性。

·

不过，用ムナシコ［栋志功　MUNASHIKO］的奇特片假名为签名的志功油画，只有一味对原色的贪恋，课以描写的制约，在方法上止于没有进步的重复，或许反映出志功是个造型人而非色彩人吧。

·

对油画的执着，是他把近代绘画发端中的文学性与造型性问题，上升到画家姿态的基本课题意识了吧。也许与油画颜料干燥程度有关，他羁旅纽约、欧洲时所作的一批油画，发色尤显谐调。

7.04 画陶·石版画——自在的画技

获威尼斯版画大奖的消息传来这天,我和栋方正坐在市营有轨电车上,我问他:"你现在想做什么?"他展开一直在手里揉搓的车票,对我说:"想在上面画画!"

也许这是妙语连珠的志功幽默了一把,总之,只爱画,画即生活,这性格尽情发挥在他随时随地作画的风格之中。

其中一个例子是画陶。1951年他从疏散地回到东京,一段时间常往益子和布志名的窑场跑,约五年间在所到的窑场,为大中器皿、茶碗等的成形素胎施手绘。世间称之为陶画,而志功自己叫作画陶。似乎这个说法体现出他只参与手绘的立场。

志功一开始用釉彩画,但发现釉彩弄不好易在窑火中流淌,不如作钉雕作品,用钉子刻画,自己的手绘效果更强。

无论陶器的形制如何,一经志功施以手绘,瞬间就会产生器随绘形的谐调,这一定是他多年钻研板木所练就的效果解读之功吧。也许就是这种地方,体现出柳宗悦欣赏的所谓工艺性、纹样性的特长。

.

通常,画家手绘往往会与陶器的造型不合,两相龃龉。

.

石版画是1959年,志功初次应邀赴纽约旅美一年期间所作。想在当地作的板画因干燥度的不同而不尽如人意,在石版画工作室小试时却效果殊胜。他在日本曾经作过一次,墨迹干不透,黏黏糊糊像儿童绘本印刷出来的效果,从此便再没摸过石版画了。

.

油性墨不适合湿度高的日本,而水墨的湿润在过于干燥的美国则难求,这里揭示的是风土性问题。同是木版,木口坚硬的在彼地盛行,是因为木纹软的马上就会龟裂。另外,即使想采用在日本的印刷方法,让纸保持一定潮湿度,但喷水时仍湿淋淋的纸,马上就硬邦邦地干透。

.

在纽约制作的石版画印刷效果虽好,但那只是建立在版的复数性上的描绘行为,对志功来说魅力不大吧,所以并未积极制作。也许在板画与手绘有别的一贯认识上,石版画让人感觉不伦不类吧。

·

去世前一年的秋天,志功赴美时也制作了24件石版画,但那只是代替素描册的即兴之作,稍稍玩味一下笔触而已。

·

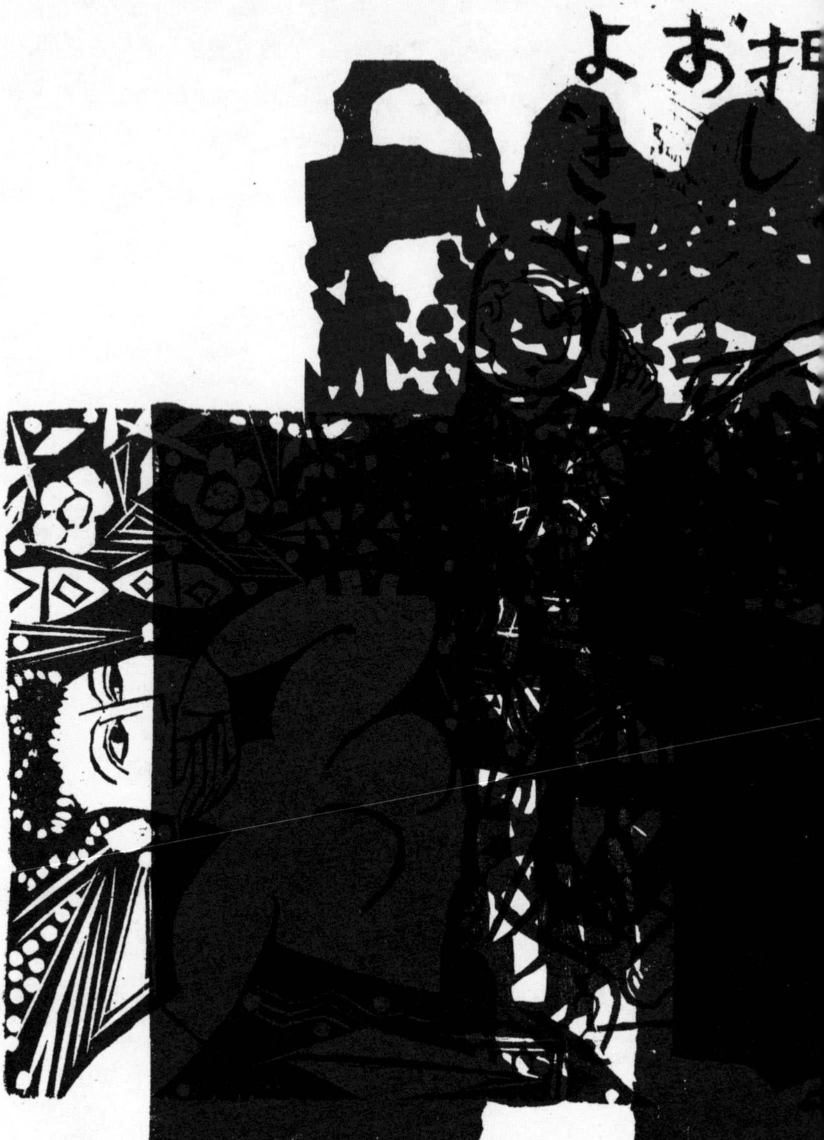
担し
お
よ

晚年
游十年

8.01 晚年——游十年

> - 我从五十到六十的十年如白驹过隙，转瞬即逝；而二十到三十的十年却似漫漫长夜，遥遥无期；其后三十到四十是不知不觉不管不顾拼命工作的十年；再后从四十到五十不过是前时期的继续，在很多事情上占用了时间。现在六十，而这最近的十年只觉时间甚短，空空如也。我一直以为自己还在四十奔五十，奈何是五十到六十的人了。
>
> - 今后我的工作就是心无旁骛。不思权欲、完全本真的世界，没有欲望、真正从一任自性的世界而生的工作，不求而是被求的工作。我想抱此不是欲望的欲望。
>
> · 《板极道》·

就作品的成因以及人生各阶段，如此透辟地阐发自己的文章，在画家中确属少数。

《板极道》是 1964 年 9 月付梓的自叙传。

志功于 1960 年［57 岁］出任日展评议员。这是自 1953 年脱离国展，以普通参展人身份参加日展后的第三年当选评审员，再过去四年的事。前面说到志功徒劳的足迹，按美术界的常识来看，这种对日展的挑战是不可思议的行动。

·

而志功却认为，要得到大众的认识和支持，作品非参加日展不行。一开始的起步就不求体面，初衷一贯不移，所以作为普通参展人参展也能坦然。他既想用大墙让潮涌而至的观者认识板画的力量，恐怕也想得到日展体制内的荣誉吧。虽然他尚未达成与其时执日展牛耳的辻永之间的默契——在日展设版画部，但获得了评议员资格，基本达到了目的。

·

此时他的青光眼恶化，左眼几乎失明。一天夜里，千哉夫人起来见工作室的灯亮着，她纳闷过去看看，见志功正用手巾蒙住眼睛在雕板木。据他说是在做试验，试试眼睛看不见是否还能作画。

·

志功说他养成晚上九点睡，早晨五点起，早餐前工作的习惯，笑曰"工作是吃早饭前就能做完的[喻易如反掌]"。另外，他临睡前要在和纸上喷水雾，夹在报纸之间捂上再睡，早晨五点左右，刚好适合印刷。木版画会因木板和纸接触的状态，产生不同的印刷效果。

·

深更半夜在工作室工作,是违背常规的异常行动。然而,青光眼是必致失明的。它从视野狭窄开始,视域渐渐收缩,恰似快门从左右合拢一样失去光明。据说这病潜伏期长达60年,所以志功的眼疾还是生就的。

1962年1月,志功受真言密宗大本山日石寺赠法眼位,其后倭画的签名就开始用"法眼志功真海"。真海的署名写成褩。古时有空海用"空褩"署名之例,是"海"的旧体字。真海是1952年时受之于曹洞宗管长的居士号。板画上也用"法眼栋志功"印。栋志功,多半是学江户时代的南宗画家,假充中国式的三字名字吧。例如,与谢芜村署名谢芜村,柳泽淇园取字里恭,自称柳里恭之类。

法眼,是中世授予医生、绘师、连歌师等的称号,以僧位算,相当于僧都的大和尚之位。

旧书上可见,相对于江户时代的法眼狩野探幽,室町后期巩固了狩野派基业的狩野元信则被称为古法眼。藤冈作太郎的《近世绘画史》有云:"英雄一朝起,天下臣服聚往,探幽实以定夺画界之命运。"仿其笔调,即"志功实以定夺版画界之命运"乎?他们以法眼为同类项之妙,是源于图案吧?明治以后,更不见谁自称法眼。

授予方也许是萧规曹随,但社会早已不兴等级阶位的一套了。拼尽全力追慕日本画心的志功,欣然领受这个称号用于签名,对本人也许顺理成章,毕竟是时代奇观吧。志功在受法眼位前三年,署名法桥,即顺其位序[A]。

1963年60岁,志功以招魂力作《恐山之栅》为自己步履的一个阶段性竖立了一道不折不扣的栅。

从这时起,开始了晚年"不思权欲、完全本真的世界"。

迈出晚年的第一步,是《东海道板画》。基于章句、诗歌的小品类、板画卷类作品,至威尼斯大奖获奖时期,因爱吟咏而生的精致工作几乎绝迹,过渡到应接不暇的委托工作中。画题的重复带来观念化的萎弱平板,渐渐失去了一贯奔涌的古风生命力。更要命的是本于描写的风景板画,与志功板画建基于女体的模式特长几近冰炭不容。

《东海道板画》是应骏河银行委托,为该行创立80周年所作,要求对歌川广重[B]的《东海道五十三次》古为今用,以缅怀银行面向东海道客栈创业的昔日,发扬营业网点遍布东海道沿线的地脉优势。

赴东海道写生之旅开始时，志功说他想从东海道走通大阪，顺脚到九州走西海道，回过头再到青森走奥州小路[C]，一画到底，抵达故乡就可以合掌阿弥陀佛了。

他一定是效法"古人亦多有客死羁旅"的风流，来认识"不求而是被求"的服务吧。他也在信函中说这个时期自身的行动"称不上风流那么美，就是风浮吧"。

然而，当他还在制作《东海道板画》途中，朝日新闻社提出出版他的画集计划，于1964年10月付梓。

银行策划的是80周年纪念活动项目，合约中规定有关出版著作权归银行所有。银行方面始料未及，在谴责违约的同时，与配合朝日版的发行在日本桥东急百货店举办的展览对抗，不到一个月即在高岛屋举办了"初版东海道栋方板画展"。

[A].
日本僧侣的位阶中，法桥的僧位比法眼低。[译注]

[B].
歌川广重[1797~1858]，原名安藤广重，江户后期著名浮世绘画师。作品以风景画为主，笔致秀丽，色彩和谐，典雅而充满诗意，为广众喜爱。[译注]

[C].
江户时代著名俳人松尾芭蕉所走过的关东、奥羽、北陆、东海的旅途路线。[译注]

冲日本桥的交叉路口，相距不远对峙的"东海道栋方板画"巨幅垂幕，实在奇突、伟观。

·

志功不看合约内容就盖章。据说，他满以为把最先印刷的一套交出来就完事。有趣的是，朝日版在签名处签有"十之三"的限定张数，而翌年春甫出的骏河版板画，则为"十之一"。各自份数后面跟着"初"字算是甜乎人，意思是说初印十张之内？志功不限印刷张数，不管多少有求必应，所以这些份数或许是为应付合同走的形式。

·

但是，他被这个纠纷弄得狼狈不堪。所幸没有搬上法庭，经过调停和解了。他似乎心里不悦，另外制作了一组《追开东海道妙黛板画》。

·

出版《东海道板画》惹起纠纷后，因为合约对板画尺寸有约定，他想既然如此，马上可以另做一组不同尺寸的，赌气着手制作。"追开"，即以同一主题重新制作之意，《般若心经》也做过两次，第二次的叫《追开心经》。

·

《东海道板画》朝日版是市售，而骏河版则是赠送客户的纪念品。附带说一下，"栋方板画"的称谓不近情理。姓栋方的画家还另有其人，也许今后还会出现。

所以应该叫志功板画啊。

·

这个纠纷,让严于立身行己的志功心力交瘁。翌春虽然获朝日文化奖,但夏天脑血栓发病,进入半年的疗养期。

·

因为成了电视连续剧《快乐夫妻》的原型,志功连续上电视、拍电影,最后获得了NHK的广播文化奖,像演艺圈红人般家喻户晓。可以说他是画家中唯一尽人皆知的人物。

·

疗养期间也在美国成功举办了大型"屏风板画展",引起不小的反响。身体小康后,为大阪世博作板画《乾》《坤》,前者是把原本为了仓敷国际饭店制的《大世界之栅》改称,后者用该板木背面制作,成为引起轰动的世界最大板画。

·

嘴上说是风浮,其实是"被求"的兢兢业业。

·

让人费解的是,连将他鄙薄为民艺的低级趣味、根本看不上眼的美术界人士,迫于高涨的大众人气压力,也不吝赞辞了。

·

1970年春,志功获每日艺术大奖,同年秋被授予文化勋章。

.

志功得意忘形地作了《我要当梵高》的诗,并把该诗制成了板画。其"本真的世界"始于孩童画般的《东海道板画》,在还能截长补短地发表睡魔节往事等小品板画期间,尚有某种密度可观,但到了取得文化勋章后飘飘然《我要当梵高》时期,自律的罗盘指针失控了。不幸的是这个时期,他右眼的视力也变得很差。

.

安心静养期间,这位在镰仓山新居的工作室庭前植柏树、以"庭前柏树子"为安心公案的画家,开始不停地描绘带背光的达摩倭画。

.

"庭前柏树子"是赵州禅师的轶事,人问达摩在哪里,他便指着庭前的柏树。而志功居然让这个达摩带背光。曾几何时丹霞暖佛的以讴歌人性为本的禅宗解释,跑到哪里去了?

.

获朝日文化奖后,他说出一年要上缴逾6000万日元的税,没意思,最好不卖作品,令闻者哑然。过去的画痴,只有画是头等大事,对买自己画的人唯有感念恩德。其间,他为自视甚高的小说家中谷孝雄的《京城让人卑贱》做装帧,颇具讽刺意义。

.

第三期一批充实的大作和其间制作的大量作品，虽说圆了心中秘藏的凌云之志，但体力不济后的朝日奖、每日奖、文化勋章——接二连三地显彰三级跳，可算有超画业之龙的意趣吧。

·

赫伯特·里德[A]论述《艺术的草根》时，说中央集权对艺术带来负面作用，并举有四十年深交的左拉和塞尚二人决裂为例，述及久居乡间埋头深化画境的塞尚，针对已是巴黎文坛宠儿的左拉，对安布鲁瓦·沃拉尔说的一番话。

·

"两人之间从没有发生过争吵。只不过是我不再去见左拉而已。——我说这话并没有恶意，他已经变成了臭资产阶级。"

·

[A].
赫伯特·里德[Herbert Read, 1893~1968]，英国诗人，著名美术批评家，文艺批评家，艺术教育家。[译注]

志功的情形虽说与左拉的巴黎时代不同，但他对自己的步履和生命局限早有洞见，游于画业之心有了余裕，遂被拉进周边压根无暇顾及的俗尘中了吧。然而，在殁后作品价格普遍跌落的最近的美术市场，志功的作品无论板画、倭画也不降反升，可见他已是超脱俗气、深受平民百姓欢迎的画家，日本美术界划时期的存在，与当年印象派画家的画在巴黎开始热销时仿佛。

他的作品，以《追开东海道妙黛板画》全部从背面涂墨污开始，此后板画凡是黑白，几乎都从背面涂抹墨污。第二期的活动期，曾直言"背彩是对缺乏自信的作品补色"的自信早已丧失殆尽，连掩盖衰窘也显气力竭蹶。从这时起，他常常对板画画中的眼睛左眼点红。过世前三年，出现了两眼都点红的作品。这个时期可谓最晚年吧。

背彩增加华丽度，最后从表面对面颊、肘、膝头点红强调效果，最晚年留下了堪称板彩画以示区别，几乎不留板画轮廓的浓密敷彩作品。然而，在板画显现衰退后，这批板彩画与部分倭画却大放异彩，另有别趣，呼唤后世的鉴赏。

·

志功从 1973 年前后签名志昂。昂是太阳升起的状态，所以如实反映了那个时期高扬的情绪吧，一方面 1974 年栋方画廊迁址 10 周年纪念展，作"昂展"，却写成仿"昂"的题字。昂，即昂星，在二十八宿中指日曜，为西方白虎。原语起源于希腊，平安时代按同音规律编辑、日本最古的辞书《和名抄》的卷一天地部中，有"昂和名须波流"，是接通丝路起点与终点的神奇星名。

·

早年，由森鸥外主持创刊的文艺期刊命名《昂》，也取其祝祷之妙吧。

·

曾以《四神板经》赞中国的方位表现之神秘的志功，也许在自己名字上借这个星名，暗自祈愿对安宁的向往吧。

·

去世之前,又还志功的本来面貌了。

•

《尨浓之栅》,从色情照片取种种男女媾和体态为剪影。在这些人体剪影的间隙,唤起对所有能想到的、受教益的美术、文学、风土的记忆,剖厥感恩之心。"献给镰仓绘卷的人们、桃山障屏的人们、大雅、渡水复渡水看花还看花春风江上路不觉到君家,瞿麦花,瞿麦花,抚牛子的鬼子,青森,青森,我的印度,都来唱啊我助威,要是能够知道就好了,梵高,劳特累克,贝多芬,天上天下的所有父亲母亲",等等。

•

大雅,即池大雅[A],是出现于此处的唯一一位日本画家,如此说来,他倒是画痴之路的先驱者。

•

[A].
池大雅[1723~1776],原名池野秋平,日本江户时代文人画[南画]集大成者,书法家。代表作《日本名胜十二景图》《山水人物图》《楼阁山水图屏风》等。[译注]

"渡水复渡水"是明代高启[青丘]的诗,福士幸次郎曾挥毫此诗的书法,是早期志功珍藏的匾额。"抚牛子的鬼子",是青森抚牛子八幡神社鸟居上装饰的木雕鬼子;"都来唱啊我助威",是富山当地流行的民谣《越中大薰小调》;"要是能够知道就好了",是借用契诃夫《三姊妹》中一句对人生的潇洒咏叹。

有人求字时,志功常写的是"欢喜、惊奇、更何况悲伤,不得穷尽"。这句话,最晚年改成坦率的喃喃自语:

"欢喜穷尽不了,
惊奇穷尽不了,
悲伤穷尽不了。"

据说陶渊明的曾祖父陶侃,曾说圣人尚珍惜寸阴,故凡人必须珍惜分阴。庄子曰,人生如白驹过隙。白驹,即光阴,隙,间隙。如光阴透过间隙一样的,即人生。

志功只有小学毕业程度，他珍惜分阴，将被赋予的时光用在学习不止、奋发不息上。对于如白驹过隙的人生，只有学习的在校时间有何意义？说不定那段时间反而减损良好的悟性。志功作为画家，给我们留下这个宝贵教训。在"欢喜穷尽不了……"一句中，从恪尽天命之责，低徊的喃喃语气中，反而传递出我生有涯愿无尽的感性嗟叹。

1973年70岁时游历印度归来，在当地得到的感动让他谱写出壮丽的遗书，即欲竭全力涤荡烦恼的《龙浓之栅》。

1974年10月，应邀再次赴美。在纽约的"日本屋"〔Japan House〕画廊正在举办的池田满寿夫和井田照一"TWO JAPANESE NEW PRINTERS"展会场举行了纪念演讲，兴致很高。本来，这个展览策划邀请栋方志功参加，旨在传递从志功到池田、井田三代——池田作蚀刻，继志功10年后摘取了威尼斯版画大奖；井田是其后的新锐版画家，擅长运用超复杂的新印刷技巧——推演的现代日本版画界的生机活力，为此馆长兰德·凯斯蒂牵头组织了由纽约近代美术馆、古根海姆美术馆等熟悉日本现代美术的资深专家组成特别委员会，制定方案，凯斯蒂更专程访日，赴镰仓山邀请志功参展。尽管事前通函说明了访问要旨，但他仍不能理解对方来意，连说"不好办"，竟自作主张回复"若倭画可以我就出展"，致使策划变更，成了只有两个年轻人的展览。然而，此时志功的演讲对后进二人的展览却是美玉之光，也是对日本版画界最后的馈赠。回国后，他就一病不起。

1975年9月13日，中秋明月之日，志功升天。是生日第六周的卯岁，享年73岁。死因是肝癌，与他的母亲一样。虽然没留下辞世诗，但战后他在富山作的诗句，与其人品业绩相符，让人想起来仿佛辞世诗一般。

· 名月惟今宵，大鲇复无常。·

志功去世前，在每年都会做的挂历上选用了与咏此句同期的小品《瞒着川》，敷以最晚年特有的华丽色彩。封面的板画与《瞒着川》的作品不同，是人脸突兀地出现在鲇鱼群中。签名的铅笔字，恰如禅僧遗偈常见渴笔的潦草，透出奋力写上去的痕迹。但签字作 1976 年，每个月也写成当月的做法是否可取？从签字看，让人错觉成死后所作。

签名时记的年份，理应依习惯记入制作年吧。《我要当梵高》内容是《板极道》的重复，反而感觉空洞，是收录作品的数据最不完整的一本，把1956年在威尼斯获奖的代表作《四神板经》记成1962年。因为收录作品的签名是那一年签上去的，而铸就了错误。此书对年谱与插入作品好像也未核对，题名与制作年代相左的不止几件。年谱本身与作品发表时的题名及其画面之间也似欠梳理。志功有时会因印刷作品时的情绪，改变发表时的题名，这个问题有待今后对数据做审慎梳理。志功作品集几乎都在重复此类谬误，其中不乏旧作板木不存、后补作的作风完全不同，却不加注记、照登不误的，使志功板画的历程更难厘清。我们对镰仓山的财团法人栋方板画纪念馆完成负责任的综合图录，拭目以待。

·

志功将版画写作板画的主张，可视为仅限志功作品的称谓。最近似乎使用板画字眼的人多起来了，但正如他把自己的日本画叫作倭画以区别于普通日本画一样，在版画中也出于穷尽木纹板木之长处，确立了特异画风的意识，才有的志功板画的称谓。

·

とまりけり

附录·志功作品的看法——为收藏家记

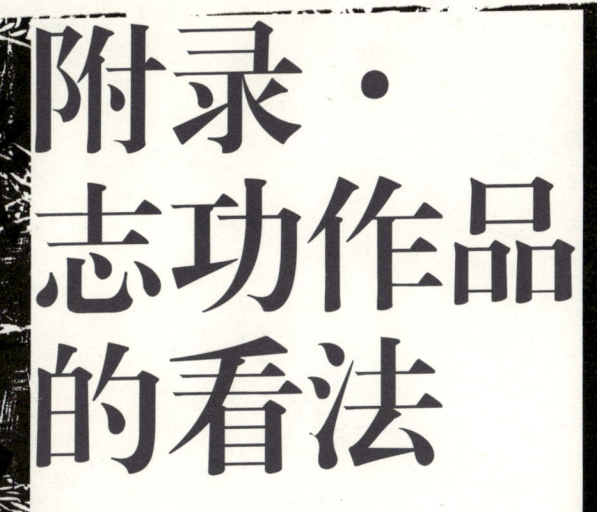

9.01 人气的推变与市场性

现代画家中,知名度最高的当数栋方志功了。结合作品的市场性考察其知名度提升的过程,是了解美术与社会在日本相互关系很好的具体案例吧。

栋方志功成为国画会会友,是 1935 年 33 岁时,版画部会员只有平冢运一、川西英两人。之前 1931 年限定百部出版了版画集《星座的新娘》,1933 年发行 500 部的《版艺术》推出栋方志功专辑。此时他已是版画界与国展周围美术家中间有识者共见的存在。

1934 年得到民艺协会成员的支持,为他成立后援会,在其机关刊物《工艺》《月刊民艺》等相继刊登专辑报道。从这时起,志功装帧的文艺书大量传播。1938 年 36 岁时,组合板画《善知鸟》获帝展特选。当时的帝展特选具有惊人的新闻价值。翌年又以国展参展作品《十大弟子》获佐分奖,可以说从这时开始,成为美术界周边无人不知的存在。

《版艺术》在推出栋方志功专辑一期时,出版了限定 20 部、以《北方之花》为题的原版板画集。收扉页、青森合浦公园、芋头田、玉蜀黍田、十和田奥入濑、龙飞涡、群蝶、群鲸、夏泊岬的海边、夏泊夏之山，共十件，大致明信片大小或明信片两倍大，售价10日元。虽然等于一件1日元，但发行方的料治熊太称，连20部也一直卖不动。

·

《大和秀美》是一尺及一尺一寸五分乘八寸，共二十图，在国展发表时，他想反正没人买，价钱标个高的，定价100日元，后因为柳宗悦要收购做民艺馆开馆的展陈作品，而做了50日元的半价。

·

是年，五位民艺协会干部每人每月缴5日元会费，为期一年，即志功每月有25日元进账，提供作品。随着民艺运动的普及，在这个组织带动下，志功作品的爱好者益见增加。作品几乎都是在民艺爱好者圈内交易，卖得好的主要是色纸［方形纸笺］、短册类的亲笔水墨字画，板画不多。

·

获佐分奖、堪称志功板画代表作之一的《十大弟子》，增补了文殊、普贤二菩萨，共12幅一组，由当时五岛庆太以100日元收购，进献给鹤见的总持寺。

·

从1941年到1945年战败的战时体制下，所有艺术家都处于冬眠状态。因此志功在状态最好的40岁左右，只能原地踏步。因为眼疾被免除了出征和征用，对于拙笨的志功来说是万幸。1946年国画会并入了重开的日展,他在日展发表《钟溪颂》并摘得冈田奖。考虑到战争期间的空白,可以说他以板画集美术界的关注于一身,包揽了《善知鸟》帝展特选、《十大弟子》佐分奖、《钟溪颂》冈田奖。是年,细川书店迅速推出袖珍本《梦应的鲤鱼》,翌年又刊行了《栋方志功板画集》;旺文社出版了收录《善知鸟》全套板画的英译本。1948年京都的祖国社刊行了随笔集《板响神》。同年,在驹场的日本民艺馆举办了"栋方志功特别展"。

那时,以河井宽次郎的语录制作板画卷,手工印刷、千哉夫人制线装本的《火的祈愿》1000日元,《钟溪颂》的板画一尺六分乘一尺五寸背彩或《十大弟子》,一幅1000日元。

志功作品的买主,范围几乎无出战前延续的关系。

1951年卢伽诺国际版画展获奖,1952年巴黎五月沙龙展应邀参展,涩谷东横百货店举办第一届"栋方志功艺业展",其后每年在东横举办个人展,是雄心勃勃的大作板画相继参加国展、日展等的时期。然而,这些大作板画只是在会场和工作室之间搬来搬去而已。1951年洛克菲勒夫人访日,成为栋方志功的艺业远播美国的契机。得到她的奖掖,翌年纽约金鼠王画廊举办了板画与倭画的个人展,并摄制文化电影《栋方志功》。

1953年,他把吉井勇的31首和歌制成板画,在上野松坂屋举办《流离抄》板画个人展。九寸乘一尺的作品背彩,售价1500日元,黑白1000日元,展出31件,仅售出7件。这时赞助出展的吉井勇书法——他的自咏诗歌,半折轴装6000日元,色纸1000日元,可供参考。

那时,板画在展览会卖出一件后,同样的就卖不出去了,就像购买独幅制作的作品时一样,人们求购不同的作品。因为是板画而有数幅同样的,人们却不喜与别人雷同。

手绘背彩的志功板画的效果,好像与这种市场感觉相吻合。一般版画手彩都以同一个调子敷色,有50张就做50张几乎一样。但志功板画的手彩,则以当时的情绪而定,每一件都色彩丰满,笔触历历可见,所以与普通版画的手彩不同,更近于独幅性。亲笔水墨画好卖,背彩板画次之,而志功自称"绝对效果之美"的黑白板画,却最受冷落。

1956年获威尼斯双年展国际版画大奖的消息传来不久，在银座松屋举办的"青天抄板画展"上，一幅板画贴上了六个红签［表示售出］。那时志功大喜过望，说在展览会场上一幅板画有这样多买主尚属首次。

这时的情况，恐怕并非人们对板画本身的复数性的理解，而是因为那是以原石鼎诗为题材的作品，即出于对石鼎诗句偏好的红签。其时，宝文馆配合展览会刊出《青天抄板画卷》，附一张背彩板画的特制本限定百部，售价850日元。

截至此时，他的板画是没有用铅笔签字的。是在洛克菲勒夫人访日之际，应洛克菲勒夫人之需，对柳宗悦手上的两百件板画加入签名，这是志功板画签字的先声。柳宗悦一直主张作品无名性之可贵，排斥西式版画的原作意识，反对限定数量和签名，这时却自相矛盾，提出签名的要求，令志功惊诧；而且明知道那批作品被洛克菲勒夫人一次性收购，志功却分文未得，这个打击也让他很难培养签名的习惯吧。

自收购《大和秀美》的机缘以后，不知不觉间形成一种惯例，他每次制作新板画作品都预备两套，一套给民艺馆保存，一套赠送给柳。这是在板画卖不出去的时代才办得到的吧。即使在限量与签名问题上，无人问津的时代和在畅销情况下,当然不同。

在近代社会推出原作版画的形式,并将版画的限量与签名问题固定下来的是伏勒尔,他是19世纪末到20世纪初活跃在巴黎的画商,是他积极持续推介从印象派到后期印象派的巨匠们,被誉为近代画商之父。

他想到活用那时开始普及的石版印刷技法,让这些画家们在石版上作画,再让印刷师印出来,复制同样的画低价出售。之前例如杜米埃在小报 *Le Charivari* 〔讽刺日报〕、杂志 *La Caricature* 〔漫画周刊〕上,刊登与发行份数一样的石版画,即成了印刷品本身。今天因为它保存状态好,被作为收藏对象,成为贵重的美术品;这与日本以前市售只是歌舞伎演员的肖像的浮世绘版画,摇身一变成了无法想象的高价美术品的情形相同。

伏勒尔考虑,不等版画成为古董,出售时就赋予它美术品的价值。浅白地解释,假设十号油画售100万日元,这样的场合,只有出100万日元的买主一人能欣赏该作品。

如果十号油画在完全一样的状态下有100幅,则可以每幅1万日元100个人分享。这是建立在那幅画是百分之一的信誉基础上。如果是五十分之一即 2 万日元，十分之一是 10 万日元。

·

如果画家的收入不变，画商的成本也同样可以保证，这样一来，能与无缘昂贵价格的人们分享，何乐而不为呢？

·

画家在版上作画，根据印刷效果由画家和出版商确定张数，印制完成即签限定张数、由画家签名以印证。这是伏勒尔的构思。

·

限定张数的部分成为市售品，其他若干张由作者写上"作者试印版"并签名，用于画家手头保存或向周围馈赠、出版商手头保存和赠送用。

·

石版画清淡的平版印刷效果，很适于当时印象描写的大家的画法，伏勒尔的主意大获成功。而夏加尔、毕加索则追求自己想表现的版效果，向各种铜版画、漆布拓宽了版画的魅力领域。

·

最初规定了版画原作性并明确限定张数与签名的制约，才是获得市场性这个社会性之本的信誉支撑，成为发展的保证。

·

柳宗悦的理论，是站在挖掘老古董的立场上。如果不限定版画数量，则无以确立同时代的经济性指标。当美术的价值取决于独幅性时，其独有的安心感，同时成为经济价值的依据。亲笔画的场合，哪怕是出自同一作家之手的相同图案，其中的细微差异也能支持拥有者的自我满足吧。

·

经济价值始终建立在供需平衡上。设若版画不加限制地无限印刷，购买该版画的人参加拍卖时，即使第一件拍品叫价10万日元，假如接着同样的版画也参加竞拍，能够想象还能有一直报出同样竞价的、平衡感如此强势的画家、画商和藏家吗？

·

已成古董的杜米埃的报纸石版画和杂志石版画、劳特累克的海报、东洲斋写乐、喜多川歌麿的浮世绘版画，这些都是在岁月沧桑的筛选中，将制作当时的大批量进行整合，成为适合放在经济价值的天平上的少数作品才产生的身价。当然限定发行的版画，也有售罄后因人气而升值的。

·

民艺的观点，是从日用杂器中发掘经过实用的、时间过滤留存、本身健康而完美的器物。以同样观点，就像不理会当时已经升值的浮世绘版画，却单单垂青年代更久、易损的神社佛阁的符牌版画的感觉。

·

这是版画因其复数性反而卖不出去的时代才有的大言不惭的空论，是视画家生活与市场经济性于不顾、不负责任的说法。说起来，志功版画的确也有20多年卖得不好，无怪人家这样说。

志功为憧憬独幅性美术的人画水墨画，施背彩强化亲笔性，并以卖亲笔的倭画为生。创作激情尽在白与黑的绝对效果上，它很可能变成对卖不掉的板画付出的无偿行为。

柳理论，要求志功板画不限定数量和无署名的工匠性，在其就佛教古版画撰写的文章中说："版画的作者并非像浮世绘作者那样有名有姓。——'版画'本来就是非刻意而为之物，反倒为此可以让他无拘无束地制作，赋予了版和印刷以自然造化的力量。不是先有优秀的绘画把它制成版，而是在雕版过程中自然生成的绘画。所以，版画的版画反而尽在其中。它不是智慧、技巧之类的产物，而是更本能的东西。不是制作物而是生成之物。是与巧拙无关的创作物。"志功引柳为钦仰的导师，所以照搬他的文章，让美术界对他自身表现的倾心创作产生了误解。

• 坊间常说，版画讲究初版，过去版画最初二百张滞销就不再印了。初版卖不掉的话出版商会为难，所以书店才卖力宣传初版好、初版好吧。一开始二百张，大抵二百张为限，能卖掉的话后面就无需顾虑初版的盈亏，加印二版、三版净赚，所以为了卖掉初版，而要抬高其地位。当然，初版是纯粹的。这也许不错，但一般来说线条生硬，着墨差，而且颜色无光泽，或偏差很大，所以其中有的直接卖不动。——现代版画并非在乎初版才买，制作方也不是太介意。过去会标示二十张之一、之二的号数。二十分之三，即二十张中的第三张。现在不大这么做了，但在法国仍沿袭此法。我完全不做。但不管是否这样做，总之基本不会印三十张以上。•

• 用一块板木，现在这里的就没印过三十张。这件吉井勇的和歌"我敢保证，哪怕阿苏火山烟断，哪怕万叶集歌消亡"，印了十五到二十五张。"酒苦使女丑，最近心频向往之，狮子窟"，这一件在这堆板木中是印得最多的，印了有三十、五十张吧。•

• 不过，开始的一张与最后的一张一模一样。所以印几张都与质量好坏无关，还会越印越好。这不是开玩笑，真的越印越好。因为板面变得谐调柔和了，着墨效果更好。•

上面是1956年春,志功在高山演讲时的一段话。多印对板木带来的谐调一语,又是柳的观点现买现卖,其实说的是印板画没超过三十张。

·

其中从"现代版画"到限定张数的一段,完全不合情理。板画因其性质上的复数性不好卖,尚在无需介意的范围,所以志功表面上权且信奉柳无关宏旨的说法了吧。志功板画的市场形势,在获具国际权威的威尼斯双年展版画大奖时,仍处于说说这些也无妨的水平。

·

这不是栋方志功个人的问题,而是版画总体上如此。1957年第一届东京国际版画双年展拉开帷幕,留下战后美术展史上空前不吸引观众的纪录,主办方读卖新闻社无计可施,明明是双年展,两年后却没有举办,再翌年由国立近代美术馆出面,勉强举办了第二届展览。而这时,也创下该馆自开馆以来最差的参观人数纪录。

·

一般社会对版画还完全缺乏理解。

·

本来第一届版画展时，国际评审员一致推举志功获奖，却遭到国内评审员反对，而与奖项无缘。其理由是，他已相继获圣保罗、威尼斯版画大奖了，不在一个档次，实则似乎国内评审员另有高见，认为外国评审员对志功板画的倾倒，是对东方异国情调的赞美，不希望他们逆日本美术界追求近代造型思考的动向而动。这种思维方式正如本书所及，堪称与民艺的联系使然的、简慢的现象性嫌恶，和类似无视人类的生理性感性过程的、形而上的进步憧憬所致的偏颇吧。按说这个时期，应该在志功板画以其大幅作品令洋人瞠目的表现主义的可能性上，动动脑筋的。

·

而且，有版画之国美誉的日本，第一次面向国际社会敞开门户，划时期的第一届东京版画双年展海报，是借北斋浮世绘版画作了加工，和委托志功制作板画的两种，在国内外散发。而看评审时国际评审员的意向与国内评审员的对立，有那么点挂羊头卖狗肉的味道。

·

也许它导致了对版画社会性认识的浅薄。

·

志功从战前开始相继撷取团体展的重要奖项为美术界所知，从战后最早获国际性大奖闻名，却是不出美术圈的新闻，虽然有社会知名度，但在市场性上无大意义——这正是至此时志功板画的状态。

·

美术只有作品与人接触——近距离的反复沟通，才能被认知，是接触带来的偶然相遇的积累，所以作家的努力与社会认识之间，总是有偏差的。

·

志功的情况是，1962年与东急百货店签约，开设栋方画廊。画商也只能在那里以明码标价购买，所以一个时期在画商之间完全不流通了。1965年志功被授予朝日文化奖，1970年被授予每日艺术大奖，是年秋获文化勋章。这期间也在电视上频频曝光，从获文化勋章前后，古董商的店面开始出现志功板画。其时，1956年2000日元的背彩《流离抄》板画是20万日元左右。去世后，行情超过40万日元。从1956年当时志功板画的价位看，超出200倍，其中还有达到300倍的。

·

结果，从那时起赝品迭出。画家精力充沛时，好作品即使价廉提供也没人光顾，一升值了却连赝品也买，连作家于枯窘期尽义务勉强画的东西也出高价收购，这恰源于社会大众对美术缺乏正确认识所致，令人遗憾。

·

这有多种原因。大多画商类似在站前玩不动产，专门转手倒卖好脱手的作品，美术评论则多流于不知跟作家还是一般人说话的自以为是，社会上尚未确立专门的美术媒体，等等。钻这个空子，近来专营好卖美术品的杂志大行其道，这更是置美术本质问题于度外的可叹事态。

·

在这个状况中，文化勋章这种带来高度社会认知的显彰，论资排辈地在作家的枯窘期授予，绝不会带来好结果。高龄且多产的作家有是有，但栋方志功在获朝日文化奖的翌年夏天得脑血栓，开始静养。这个时期左眼失明，右眼青光眼的视野狭窄症状加重，去世前三年几乎处于摸挲着锓板的状态。

·

志功作品，因其于社会环境中生活的颠踬，包含复杂的内容。作品倾向上，也分为纯粹加深造型思考的，迎合民艺爱好者的，或随意即兴描写的、大众喜闻乐见的物语主人公桃太郎、金太郎的即席画，等等，在出展作品和即席画之间，也有着各作品完成度的差异。

他作为画家，精力旺盛，多产。鉴于今天高涨的市场人气，极言之，志功作品简直成了寻宝或"抽王八"了。随着人气上扬，赝品也增多，所以有意赏玩志功作品的人，务必要知道作品系列与作风的特长。

9.02 志功作品的特长

志功板画有不带签名和带签名的。不仅志功，日本1950年以前的版画家，几乎都不签限定张数也不签名。因为版画还没火到签限定张数限制发行的程度。〔像谷中安规、川上澄生这些版画家连捺印也没有。为此不清楚每种图纹究竟印刷了多少，其中用剩下的板木后印，既没有画室版的保证——在国外，用剩下的板木再印称画室版，在纸面一角以素压或捺印证明画室版发行场合的张数和责任所在——甚至出现作者死后人气高涨而被无限印刷的倾向。从版画的市场性而言，可以说是堪忧的过渡期现象。〕

志功板画即使在不签名时代也有捺印。恰好从开始签名前后开始畅销，所以只有捺印的板画，印刷效果也好，其中还有印刷张数有限因板木烧毁，而产生稀有价值的。

习作期的原版板画集《北方之花》收录的十件小品板画，《星座的新娘》收录的十件小品多色套印板画等，现存恐怕不出十部，板木已经烧毁，所以即使是尚未充分体现志功板画特长的习作期作品，预计将来也会得到尊重。

确立志功板画第一步的《万朵谱》七图、《大和秀美板画卷》二十图、《华严经板画》二十三图、《空海颂》五十四图、《观音经》三十三图，板木全部毁于战火。其中，《大和秀美》只有五图是正面手彩的，发售约20套，但躲过战火的究竟有多少？总之，全图配齐的应该不出5套。即使是作为系列制作的，有需要时他也会作为单件作品印刷，即便如此，这个时代的东西大约印刷不过20张。

·

《善知鸟板画卷》共三十一图中余四图，板木烧毁。九图的帝展特选作品存世5套吧。这件作品，九图齐全者尤其可贵。剩下的板木中，《夜访》《砂巢》两件，战后也多次印刷。《夜访》应逾百张。《十大弟子》发表时添加的文殊、普贤二图板木焚毁。现在可见带签名的十二图齐集的版本中，只有文殊、普贤是战后改刻的。

·

战前的全套大概印了10套左右，全套保留完整的堪称可贵。战后改刻版带签名的全套约印30套。这是圣保罗国际美术展上获版画大奖的作品，各国美术馆都有收藏，将作为代表作存世。

·

《梦应的鲤鱼》二十图，板木焚毁，拓印版经折装由民艺协会出售了50部。精致的拓印效果，凸显黑与白的板画绝对效果，以戏剧性的表现展示了独特的魅力。不知躲过战火一劫存世的有几部，保持经折装原样的堪称可贵。散见各个图装框的，因为是拓印，背衬与整个画面等大，无捺印。

·

《上宫太子板画卷》二十五图，板木亦毁，《门舞颂板画》十六图中，画面一角镌东西南北各一字的四图一套，大概拓了五部吧。只有民艺馆有整套板画。《纭繝颂·昆仑板画》十六图板木焚毁。以上在战火中板木尽毁，为捺印或无印、无签名，从时期上是印刷张数最少的作品。

·

另外一件成为幻影的作品，是《神祭板画栅》。这是1943年在参加国展的同时，以不敬罪为由被从会场不知搬到哪里的，今天一件也不存。如果这件作品在不知哪里存世，当是唯一珍品。

·

在此列举战后作品中包括不带签名的主要作品群：

《钟溪经》二十四图背彩

《爱染品》十五图

《火的祈愿》四十七图部分背彩线装本

《瞒着川》三十九图线装本

《板经》六十四图乾坤两部线装本

《女人观世音》背彩十二图

《山恩男·海恩女》二图

《栖霞品》四十四图线装本

《叹异经十二艺业佛们》十二图

《苍赫板画栅》背彩二图

《命运板画栅》四图

《工乐颂两妃散华》一图

《胸形变板画卷》四十九图线装本

《伊吕波歌板画屏风》背彩四十八图

《蜻蛉》《空蝉》《浅濑》《耶稣十二使徒》十二图

《流离抄板画卷》半数背彩三十二图、十一图

《四神板经天井板壁画》背彩二图

《青天抄板画卷》半数背彩三十五图

从1955年前后开始有志功签名，所以这些作品中，也有1955年以后应需要印刷有签名的版本。

特别是带手彩的，昭和二十年代［1945~1955］发表时的作品，顶多用茶或蓝两种颜色，视背景调子施背彩，然而进入昭和三十年代［1955~1965］色数增加，开始用强烈的黄色调或红色，背彩也变成多色。例如《钟溪颂》中，可见同样图纹、背彩色调却不同者。这种场合，不带签名的是昭和二十年代的色调，带签名的是昭和三十年代的色调。也有依所有者要求，对旧作另行铅笔签名的，这类的作风与签名与年代不一致。作为一件作品，在无签名时代的作品上签名，有的会有不自然的感觉。

昭和四十年代［1965~1975］前半期过去，志功开始从正面对板画的女人脸的眼角点红勾画，或在面颊、膝头点染红圈。这是针对背彩的色调，从正面再进一步渲染。只对一只眼点红，也可视作申述自己眼睛的失明。

至而发展到从正面敷金粉般画金线，或以华丽的笔触涂刷渲染，几乎抹去板画墨印的画面，贴近他自称倭画的画风。套用志功一流的造语法，这堪称"板彩画"了。恐怕如此着色的板画，因当时身体虚弱，数量不多吧。作风本身亦见色彩相映、富有怪谲密度之作，晚年的这批作品当受到应有的关注。

·

将至从正面渲染时期，开始出现了不用背彩而代之以墨，晕染白色面的板画。这是晚年衰弱期板画的显著特征。

·

在志功板画第三期向画框画挑战时的一批大作，堪称版画史上的空谷足音，是志功板画的最大特长。超一米见方的作品，制作了约20种。即从《涌然之女者们》《苍原颂》《命运颂》到最大的《大世界之栅》系列，其中最大的恐怕是制作时镶嵌到仓敷国际饭店和只印刷一件挂在世博会场墙面的。制作当初以大藏经之题冠以《涌然》《没然》的两件各印2张，《苍原颂》等印了10张左右，既有外国美术馆收藏，也有国内藏家所有。

·

大作的场合，印刷工序发挥了巨大作用。这些作品几乎建立在圆刀或三角刀剞劂的刻线效果上，大面积的单色部分多，要求印刷时作者把握调子来完成。

通常的版画，画家试印看看效果，完成一张试版后，就把后面的限定张数部分全权交给印刷师去印了。

然而，志功板画的大作雕工粗放，非作者自己印，别人无法按照试版完成。就是让板画的称谓、在板上的描写、板与拓纸之间的间接呼吸产生的偶然性，在印刷过程中再次与作者自身的呼吸贴紧。

可以认为，他的大作板画几乎是独幅制作。其中也有可能印过10张左右的，但印刷调子每一张都不同，有的甚至依印刷时的心情，同一个画题产生不同的效果。

9.03 赝品的倾向

无论板画、倭画,志功作品的赝品生前已经频频出现。板画的赝品,有本着原版模刻,雕板印刷者,小品则有制作印刷用的腐蚀凸版,用马连印刷者。

·

制成腐蚀凸版,用马连印刷的方法,是细川书店出版《栋方志功板画集》时发明的。为使马连印刷的效果可视,采取全作品粘贴方式。《十大弟子》被缩到 18.7 厘米乘 6.2 厘米,十图;《梦应的鲤鱼》为 15.2 厘米见方,二图;《心经板画卷》中七图,左右约 15.5 厘米乘 11.2 厘米;《善知鸟》中"山越"为 15.2 厘米乘 12.5 厘米,一图;《华严经》中二图,为 15.2 厘米乘 11.7 厘米,皆以此法制作。有此版本者会注意到马连印刷效果的区别,即除了这里提到以外的作品,虽同为粘贴,但因为是彩印胶版印刷,背面纸地是直裸的。

·

像细川版《栋方志功板画集》那样,作品缩小到这个程度时,它不可能作为赝品进入市场,但是 1958 年 EKURAN 社以同样方法编辑的《栋方志功板画栅》一书,以同样腐蚀凸版,使用马连手工印刷、限定 300 本制作时,例如《钥匙》的插图板画《大首》制成了原画等寸，所以直接被作为赝品流入了市场。这时，其中有 10 部是志功自己在《大首》上用钢笔签名的，使情况变得错综复杂。他的铅笔签名也被模仿，还出现了带捺印的。印也用腐蚀凸版制成等寸，乍一看不易识别。

腐蚀凸版制作的赝品，细看属于留白空间的地方，会有板木刻剩的印痕，是与画面效果以同样强度出现，十分显眼。印痕是留白的空间，在刻板木时留下不刻的部分，拓印时这部分的马连压力减弱，所以原版是渗透的印痕，一目了然。另外，如果黑面大，原版在印刷时马连的摩擦，恰似作家自己有意识的线描，呈现类似笔触的擦痕，但腐蚀凸版是金属版滚墨，没有纸与板木的亲和性，出现的是不协调的单调。

因为要制作志功板画的赝品，这样的方法最省事，市场上这类赝品当不在少数。为保险起见，这里举出 1958 年 EKURAN 社制作的作品题名吧。

被缩小的有《大和秀美》中一幅，《华严颂》中"日没"，《善知鸟》中"妻立"，《十大弟子》中"阿难陀"，《身泌板画栅》系列中"蜻蛉"，《涌然之女者们》中一幅，《流离抄》中"山火"，《柳绿花红》中"松鹰"，以及原寸制作《钥匙板画栅》中"大首"和"腹镜"两件。

提出出版策划时,约定于每一张上钦"EKURAN社版"印,以防止与原版发生误解,但因此事爽约,酿成赝品事件,似有不少已经输出美国。

·

另一类是原画原寸摹刻板木刻印的,迄今可见以《十大弟子》为首的几十种赝品。这些赝品比照作品集中同题的作品时,可见细微处的差异。更为精巧的话也许会出现以假乱真的东西,但是迄今为止,尚不见精到那个份儿上的赝品。本来志功板画用的就是朴木、桂木等软而易刻的板木,与小学生刻贺年片用的板木一样,雕刻刀也是用与小学用的同等材质做的,所以容易模刻吧。

·

而志功却说,板画效果在于印刷。即使其他印刷师用原作板木印刷,也印不出作家自己印刷时才有的调子。志功板画尤其重视印刷时的调子,看惯了原版板画,模刻板画就会一见即明。志功嗟叹"老外喜欢墨重的"。特别到《十大弟子》那么大幅,因为黑面块多,正像我在腐蚀凸版处指出的那样,纸与板木面不合,容易形成不自然的,类似在腐蚀凸版的金属版上发生的不谐调面块。

·

马连的大胆磨擦痕像笔触一样浮现出来形成画面效果,原版的这个优势,赝品是无以表现尽致吧。

以《十大弟子》为例，这是1939年的作品，所以提供给市场的是不带签名的。志功板画开始带签名是1955年前后，《十大弟子》另添的文殊、普贤二图，因发表时的原作毁于战火，后来改刻，所以无签名版的文殊、普贤原件十二图集齐者当然珍贵。我曾见过的这样一套《十大弟子》，散发着明胶味。隔了30多年还有明胶味的墨不可想象。打开之前我就因为这个气味感觉蹊跷，那不过是模刻的粗制赝品。

.

说这件事"好玩"也许会惹人讨厌。志功刚过世时出版的《每日画报》别册《栋方志功的艺业》，从封面到封底广告刊登的画，除大作外几乎统统被制成赝品，成为赝品作者精心炮制的事件。

.

有古董商将约百件赝品卖给了珠宝商，珠宝商告发被骗了相当于8000万日元的贵重金属，成为舆论大哗的诈骗案，对这条新闻记忆犹新的人当不在少吧。

.

赝品内容涉及广泛，从黑白板画到手工背彩，仿晚年作品从正面敷色的、亲笔倭画，手法十分巧妙，都被装进画框，透过玻璃乍一看真伪难辨。

.

从浮世绘时代就常说板画必看背面，查验印刷的调子，这说法完全正确，看背面至关重要。特别是人工着色的背彩，为了得到画面白色部分渗出的颜色调子，志功是非常大胆地涂刷，而赝品有的像画画，附和正面画面的调子描色。即使颜色涂得厚，颜色从背面也无法渗出画面的黑色部分。以《每日画报》的印刷品为底本制作赝品的人，肯定没有见过志功板画的原版。

另外，从正面敷色的与背彩的，用的似乎都是软管装水彩颜料，着色的笔触痕迹可见颜料凝固部分的渍痕。志功用的是日本画用的画碟颜料，制假者连这些也不知情，只凭杂志上印刷的颜色如法炮制的吧。

模刻板画，必须与原画的图案加细比对。赝品雕工的调子在细微处必有破绽。志功板画使用柔软的木纹木板，以即兴的意志剞劂完成，大框易仿，细工反而难于尽现原版的微妙处。

倭画的赝品，就是将用中国一流的说法堪称"栋毒"的拙劣要素更其拙劣化的东西。志功主张梦幻的、流荡于日本人心底的美感，描绘胸中花而不是写生，倭画笔意率性流畅，毫无凝滞，以心性自由的笔法画女人，画猫头鹰，画寒山拾得，画葫芦……因为它们是梦幻，反而墨气生动，笔法自然，精神气味与写生的具象迥然不同。相对于色彩呼应、笔情纵逸的佳作，他也有笔意躁动、潦草的即席画，惟横涂竖抹，流于喧闹。

·

赝品瞄准的，正是那些看上去没品，把风筝画、睡魔节画的图案及其夸张表现更粗化的东西。因为易仿吧。

·

志功本身，以少年期滋养他的风筝绘、睡魔节彩灯绘的构图法、色彩感觉为本的同时，在追求油画敦厚的笔触表现、板画的程式化装饰意蕴等基础上，确立了独自的观念表现的画法，所以赝品作者无法企及栋方作品具有的非常识的悦乐，只能常识性地作不自然的描写。

·

看画面上题款的书法，很容易识别以自由的笔法享受书写的自然笔力，与伪装稚拙的常识性笔法的书法差异，所以倭画的赝品多没有题款。顺便提起，志功签名用法眼是1962年以后，前一年有签法桥志功的倭画。法桥位先于授法眼位。早年法桥宗达的签名很有名，而志功的倭画用法桥的时代很短，所以从签名可以知道作品的制作年代。

·

- P327　命运颂·夕宵
　　　　87.5cm × 88.5cm
　　　　1949

- P328　命运颂·白昼
　　　　87.5cm × 88.5cm
　　　　1949

- P331　命运颂·黎明
　　　　87.5cm × 88.5cm
　　　　1949

- P332　命运颂·深夜
　　　　87.5cm × 88.5cm
　　　　1949

- P335　涌然之女者们·没然
　　　　104.5cm × 92.5cm
　　　　1953

- P337　涌然之女者们·涌然
　　　　104.5cm × 92.5cm
　　　　1953

- P338　　仓原颂板画栅
　　　　　87.2cm×112.6cm
　　　　　1956

- P341　　华狩颂板壁画
　　　　　132cm×158cm
　　　　　1954

- P342　　钟溪颂·倭昙［左］
　　　　　45.4cm×32.7cm
　　　　　1945

　　　　　钟溪颂·贝族［右］
　　　　　45.4cm×32.7cm
　　　　　1945

- P343　　钟溪颂·古巾［左］
　　　　　45.4cm×32.7cm
　　　　　1945

　　　　　钟溪颂·龙胆［右］
　　　　　45.4cm×32.7cm
　　　　　1945

- P344　释迦十大弟子·富楼那 [左]
　　　　94.5cm×30cm
　　　　1939

　　　　释迦十大弟子·迦旃延 [右]
　　　　94.5cm×30cm
　　　　1939

- P345　释迦十大弟子·目犍连 [左]
　　　　94.5cm×30cm
　　　　1939

　　　　释迦十大弟子·阿那律 [右]
　　　　94.5cm×30cm
　　　　1939

- P346　释迦十大弟子·阿难陀 [左]
　　　　94.5cm×30cm
　　　　1939

　　　　释迦十大弟子·罗睺罗 [中]
　　　　94.5cm×30cm
　　　　1939

　　　　释迦十大弟子·舍利弗 [右]
　　　　94.5cm×30cm
　　　　1939

- P347　释迦十大弟子·优婆离 [左]
　　　　94.5cm×30cm
　　　　1939

　　　　释迦十大弟子·须菩提 [中]
　　　　94.5cm×30cm
　　　　1939

　　　　释迦十大弟子·摩诃迦叶 [右]
　　　　94.5cm×30cm
　　　　1939

- P348　流离抄·狮子窟

　　　　32.4cm×26.3cm

　　　　1953

- P349　流离抄·广鳍［上］

　　　　32.4cm×26.3cm

　　　　1953

　　　　键·爱染［下］

　　　　13cm×17cm

　　　　1956

- P350　键·腹镜

　　　　13cm×17cm

　　　　1956

- P351　键·裸抚

　　　　13cm×17cm

　　　　1956

- P352　青天抄·大鲤

　　　　25.4cm×16.6cm

　　　　1956

- P353　青天抄·狐手

　　　　25.4cm×16.6cm

　　　　1956

- P354　善知鸟·陆奥［上］

　　　　25cm×30cm

　　　　1938

- P355　善知鸟·夜访

　　　　25cm×30cm

　　　　1938

　　　　善知鸟·下向［下］

　　　　25cm×30cm

　　　　1938

- P356　善知鸟·蓑笠
  25cm × 30cm
  1938

- P357　善知鸟·坐鬼［上］
  25cm × 30cm
  1938

  善知鸟·连枝［下］
  25cm × 30cm
  1938

- P358　善知鸟·妻立
  25cm × 30cm
  1938

- P361　青天抄·矶鹭
  25.4cm × 16.6cm
  1956

- P363　善知鸟·风乘
  25cm × 30cm
  1938

祭りも来たこれが死とまた我が地上のあることにおごそれは其光と其道を後に存り地ちも死光に死寺は即ち受と安と祝福やのどとうたちは其の構溢な受けその事を行かが我自らあへそ

かれども家に帰れば彼の心撰は薄らぎ
ついに彼の朝飯時に至り
出で、
太陽の前に歩み寄りて斯く彼は
太陽に語りき――
「女、大なる星よ。汝
よりて照らせらるるところの
何の幸福なることか汝にあらむや
この十年の間を
汝、汝女はこの我が

ゾロアストラはミトラの前に跪き、故郷を捨つる日をうけて山に入り、獣の眼にうつる精神とサタンなと戦って先蛻け紀末ニ千年前になる。

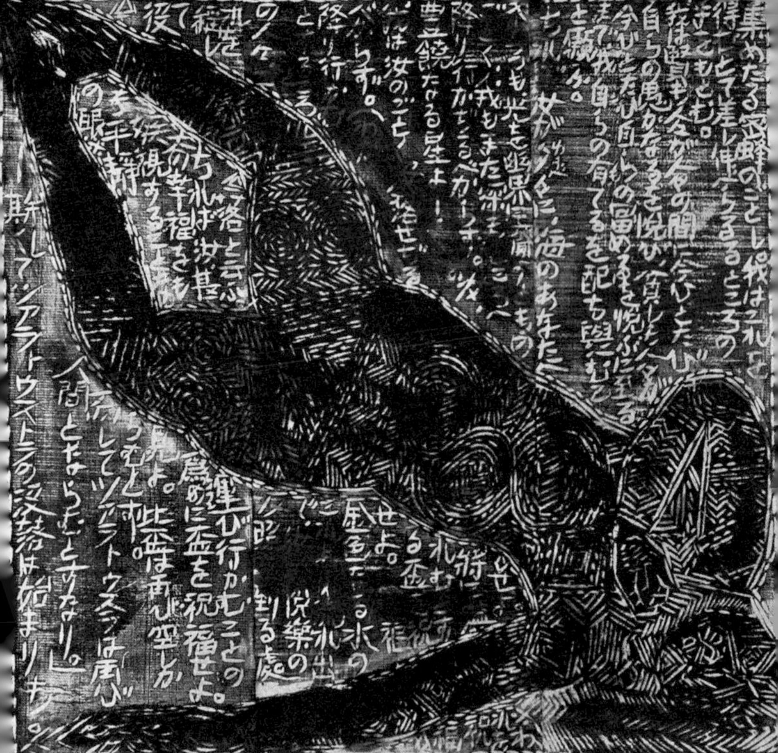

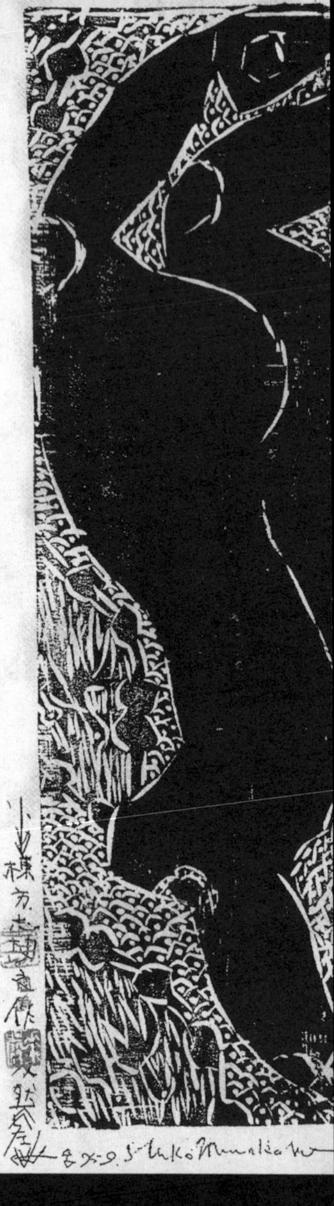

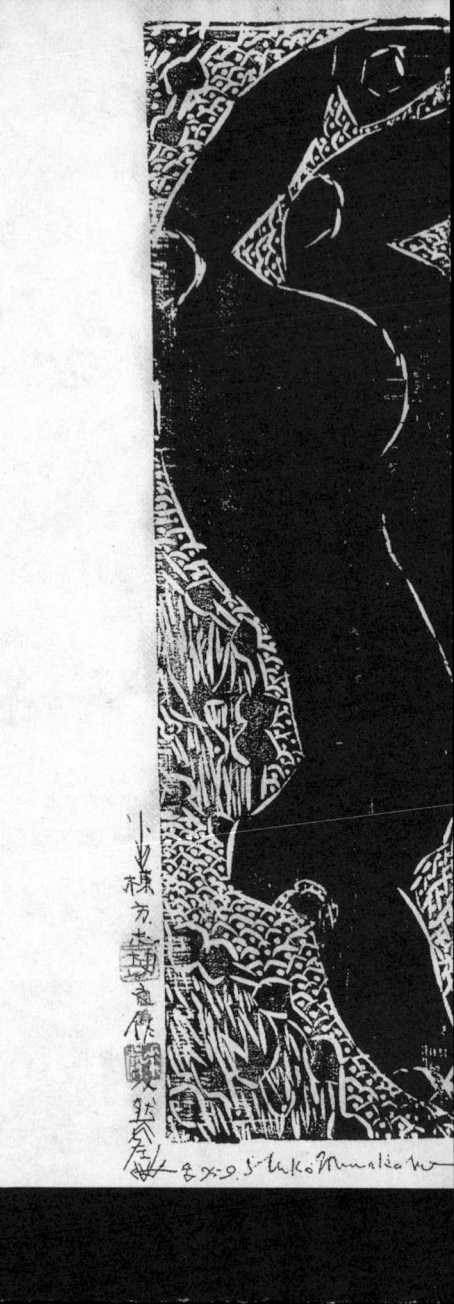

棟方志功

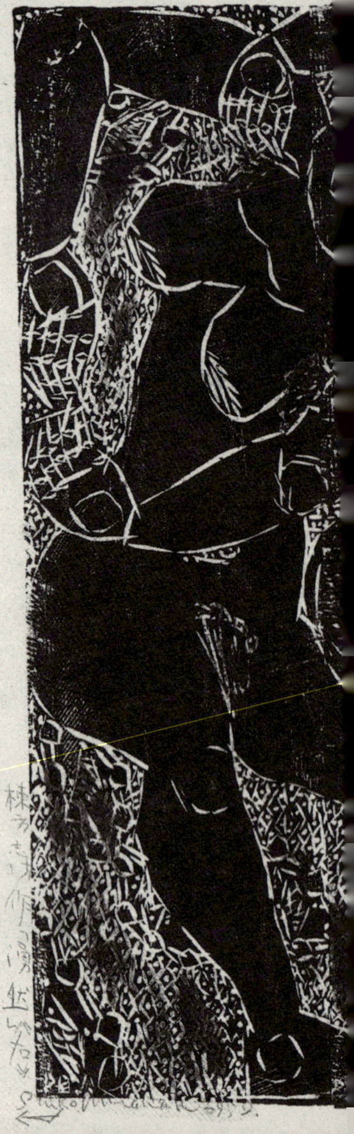

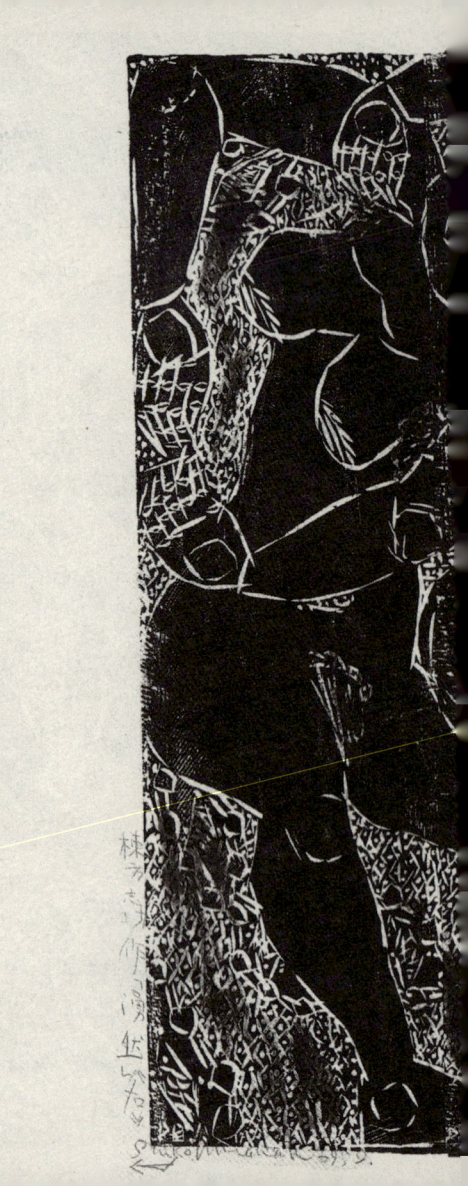

棟方志功

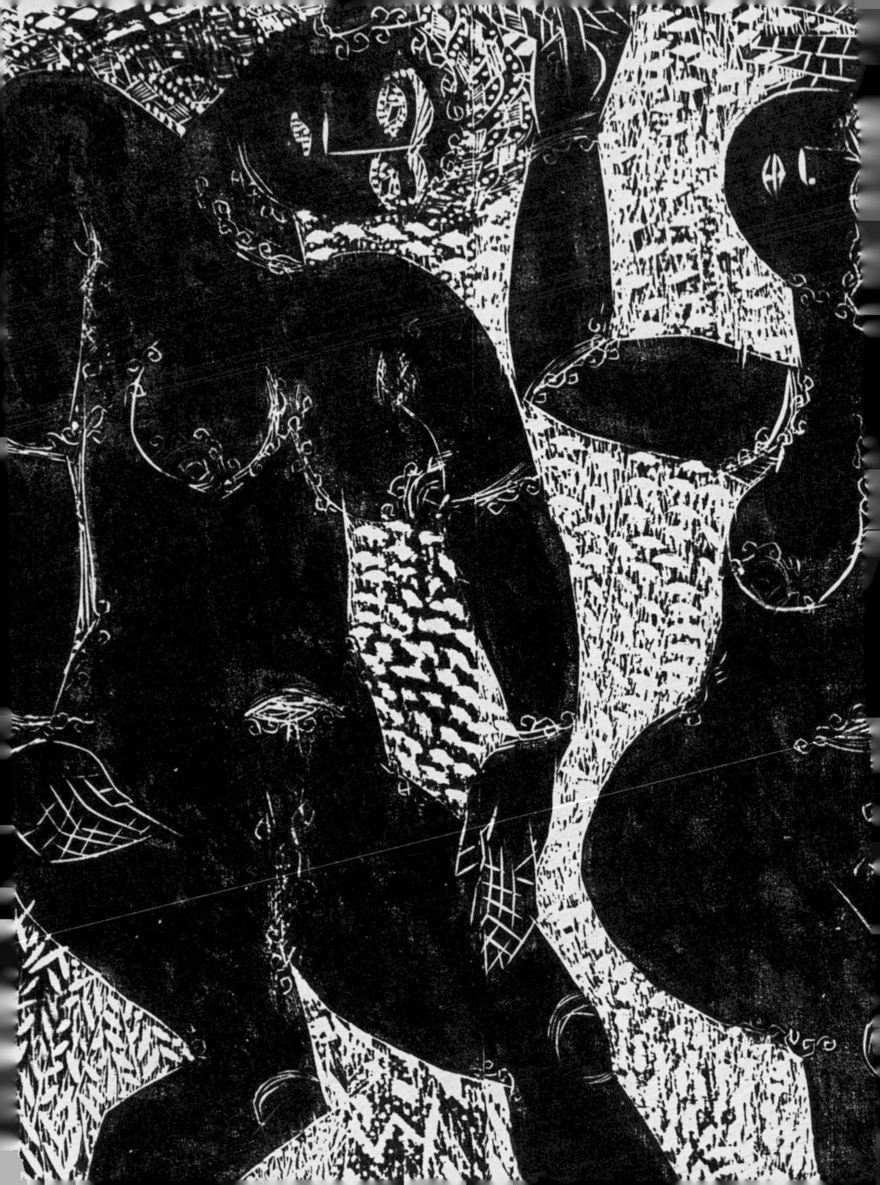

棟方志功

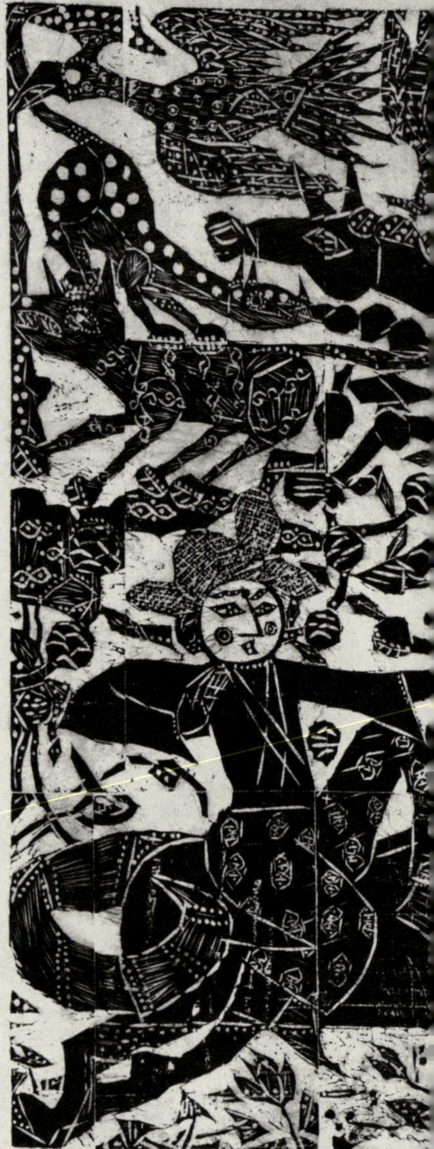

栋方志功

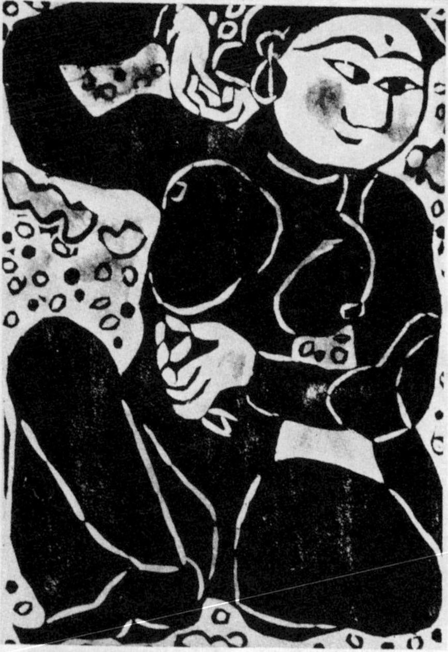
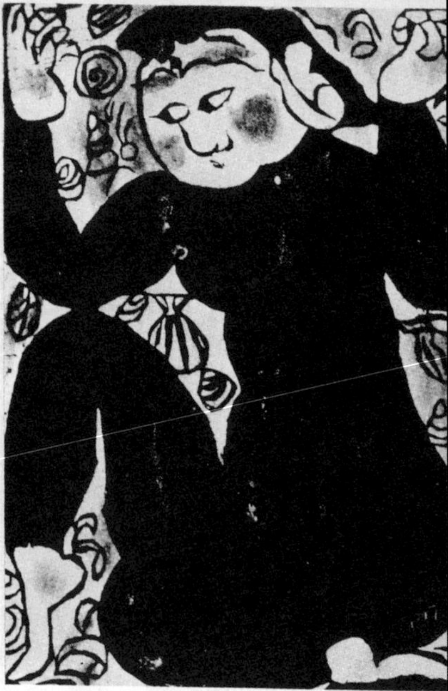

棟方志功

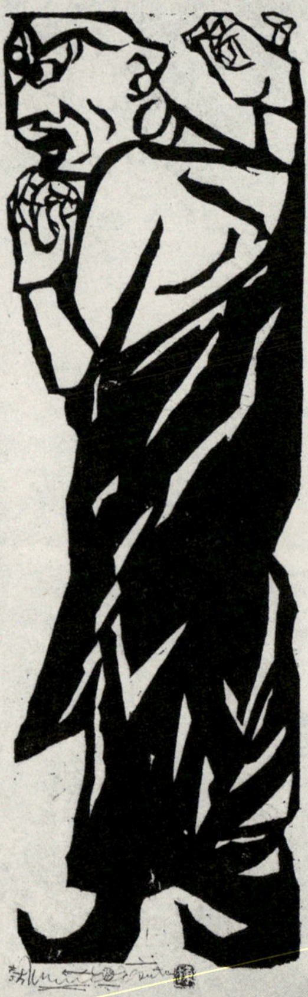

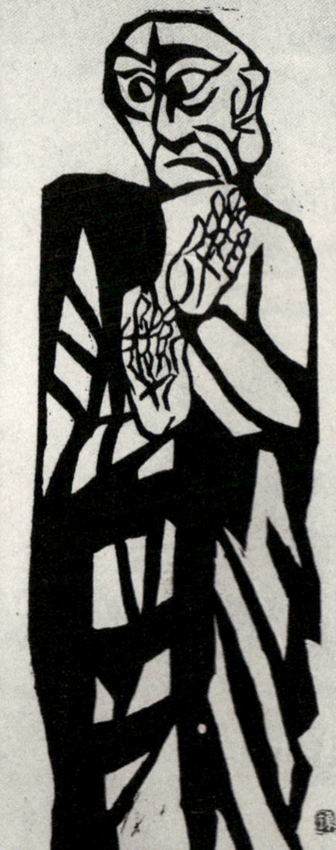

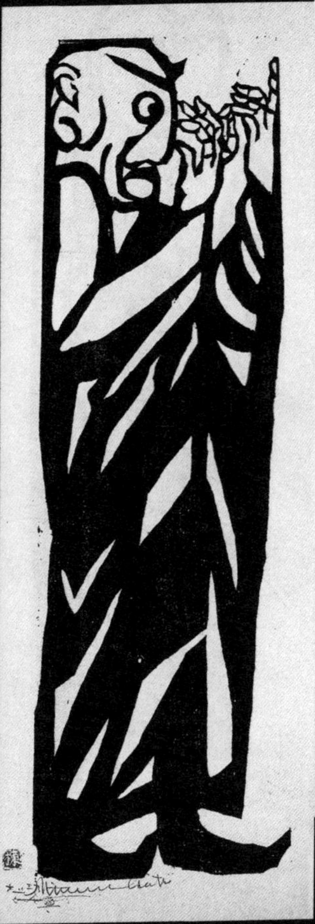

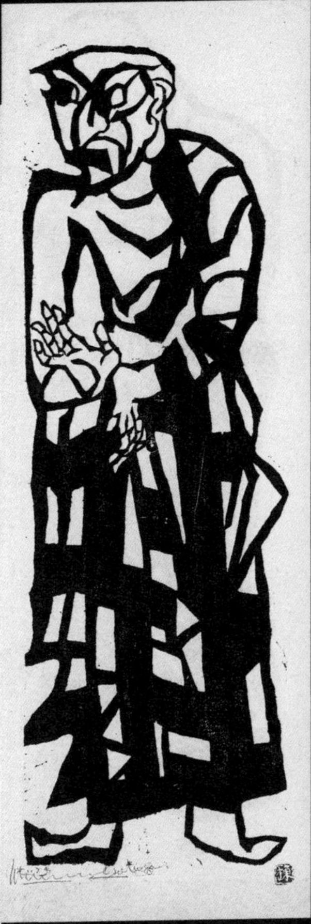

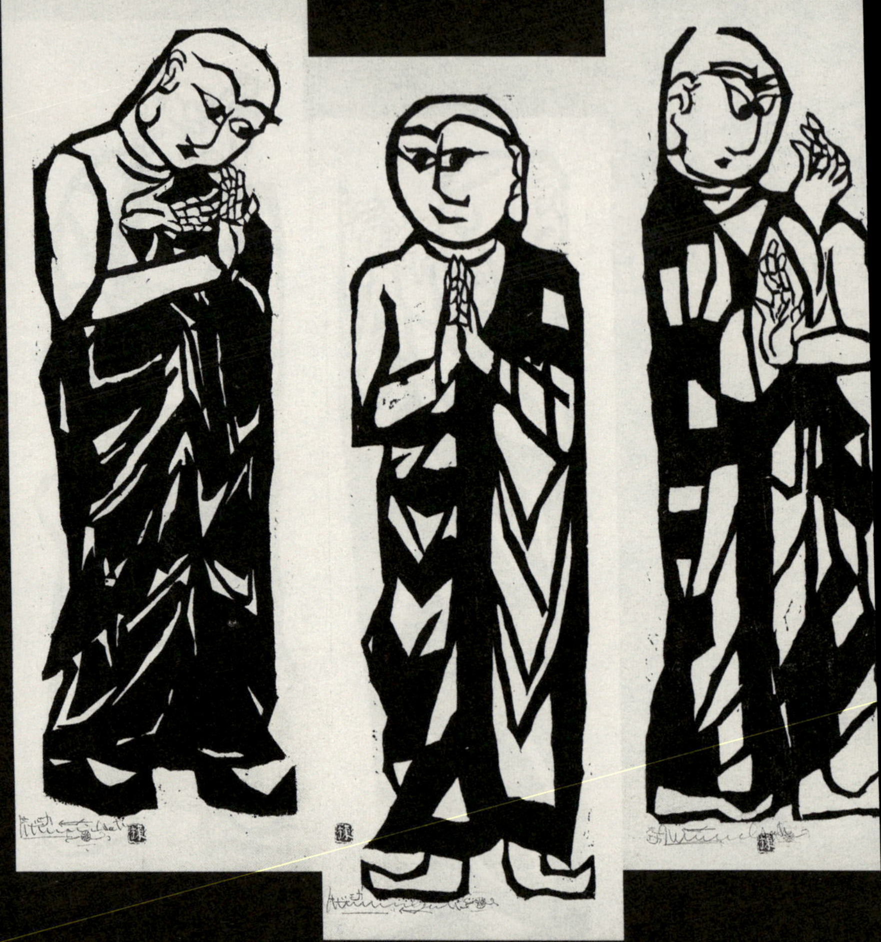

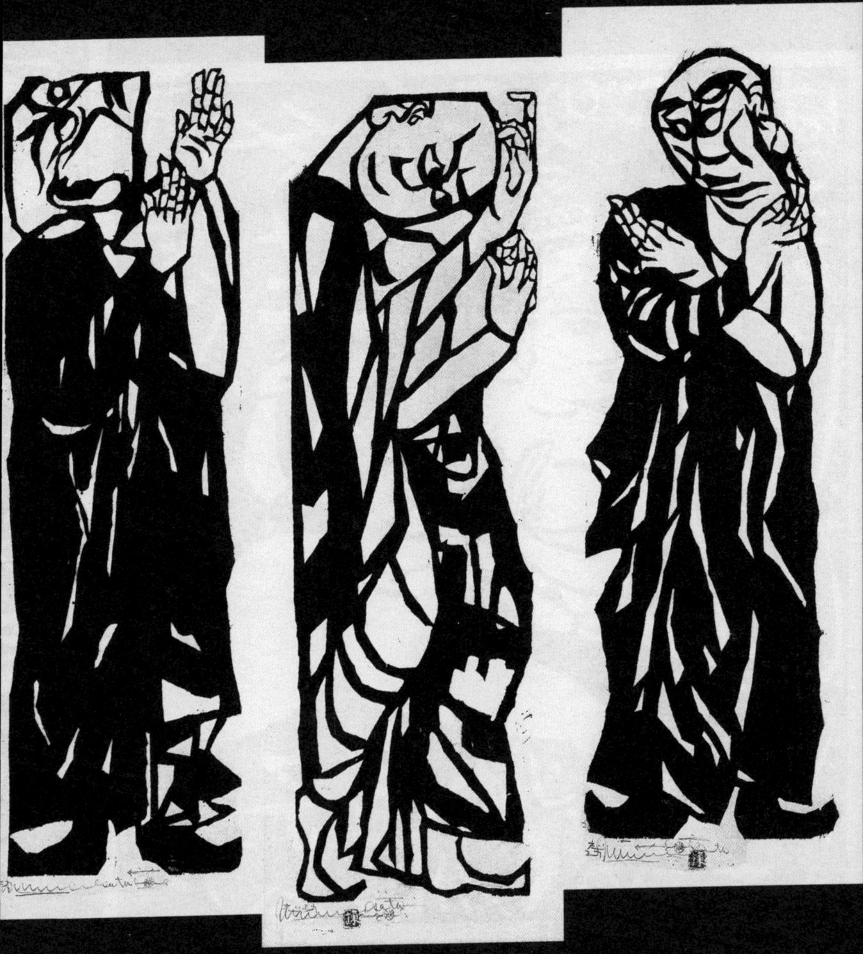

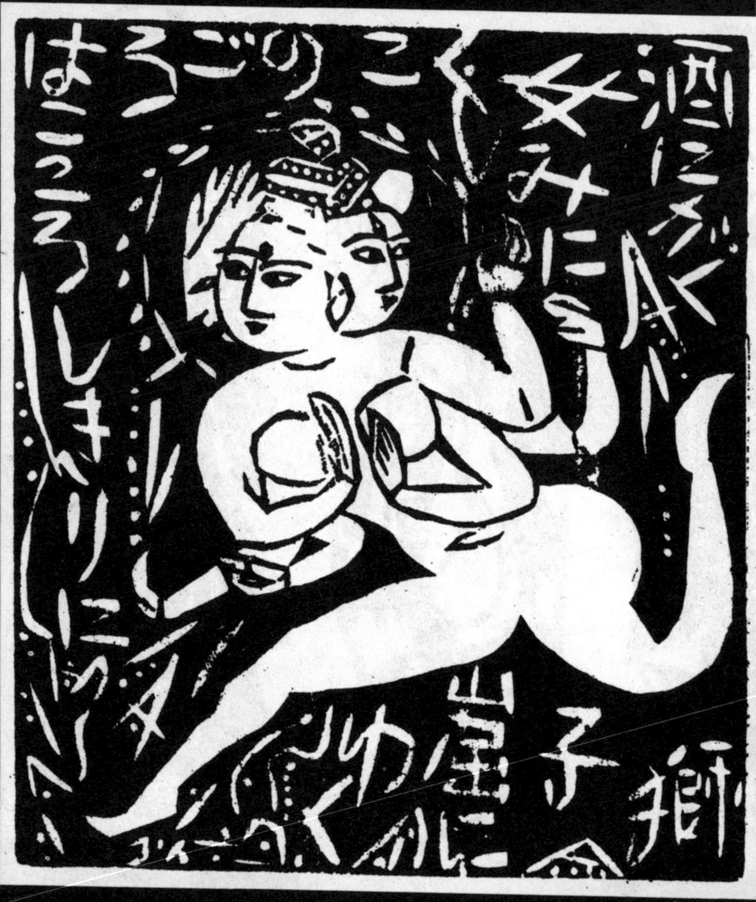

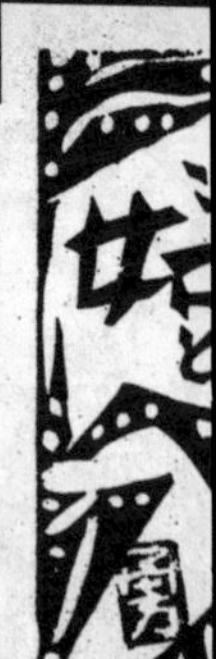

棟方志功

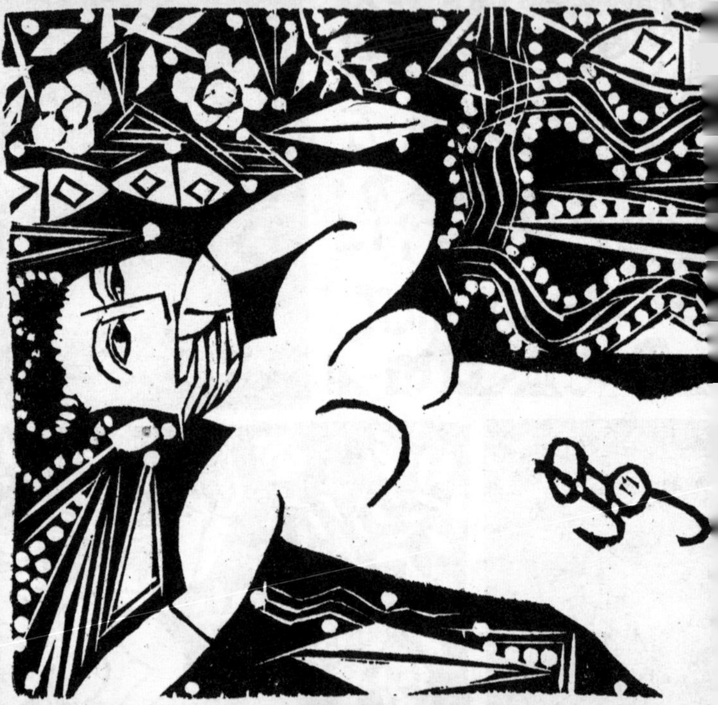

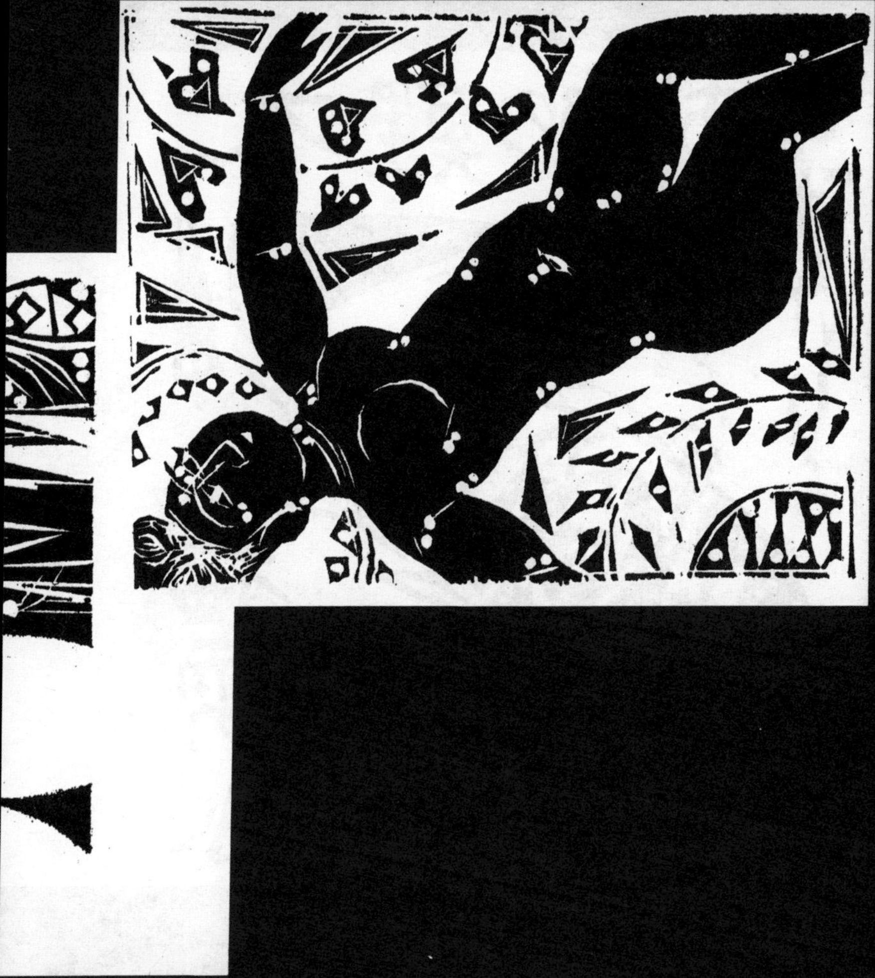

大
鯉
の
押
し
お
し
よ
き
け
り

梅雨の水

棟方志功

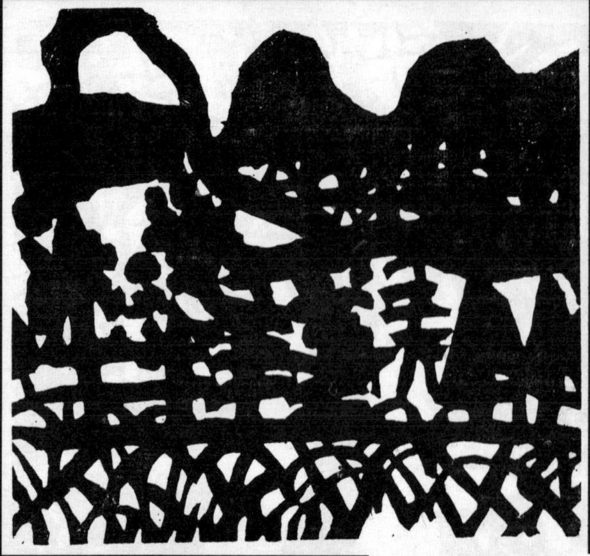

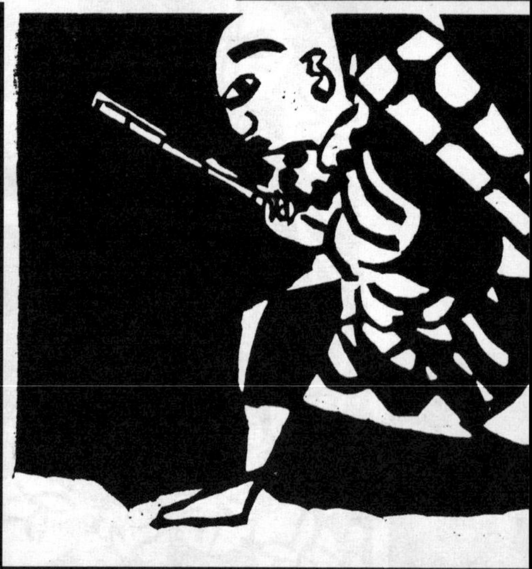

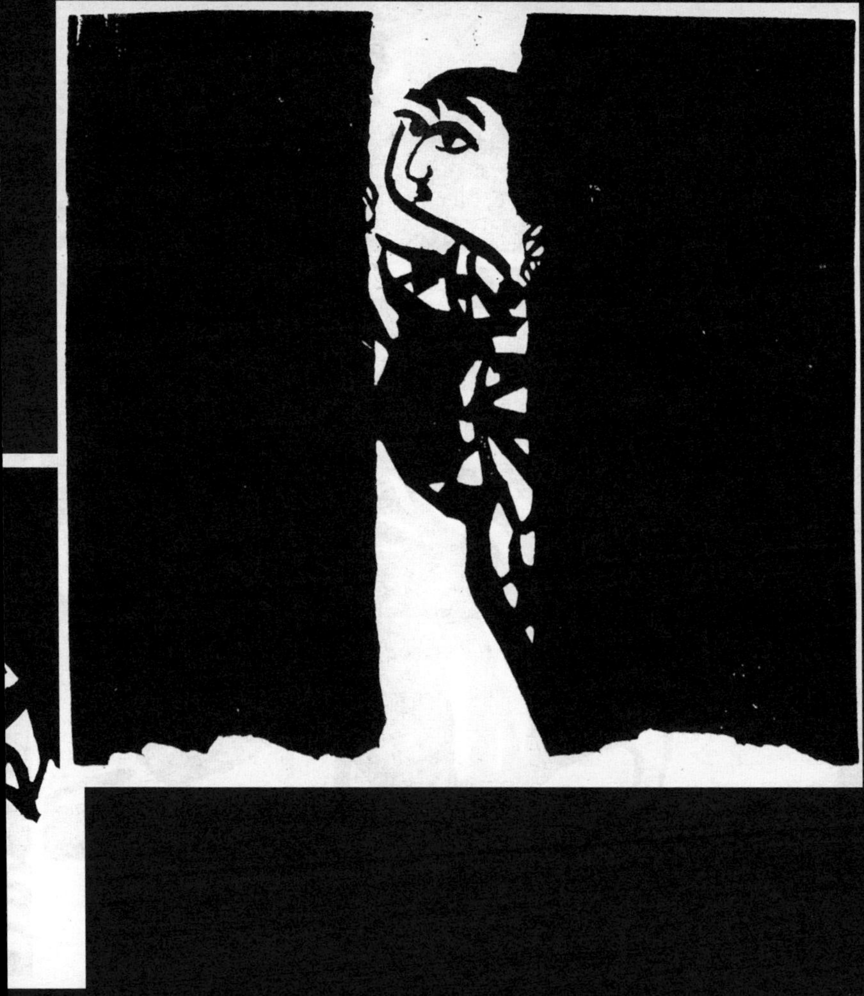

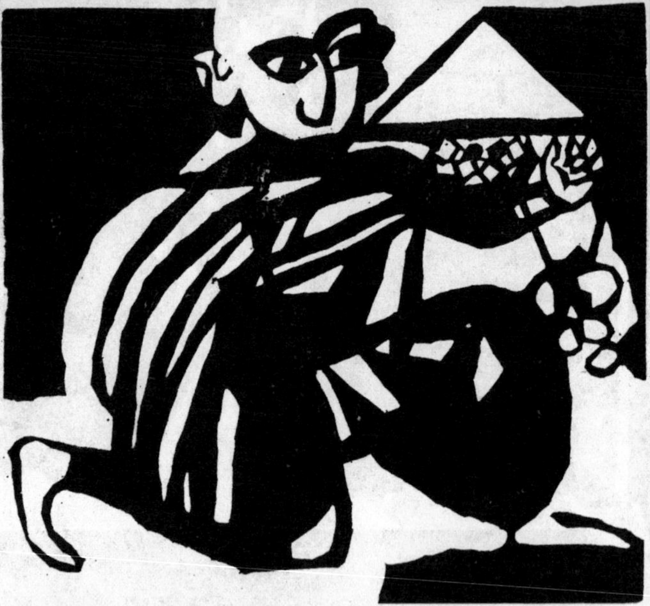

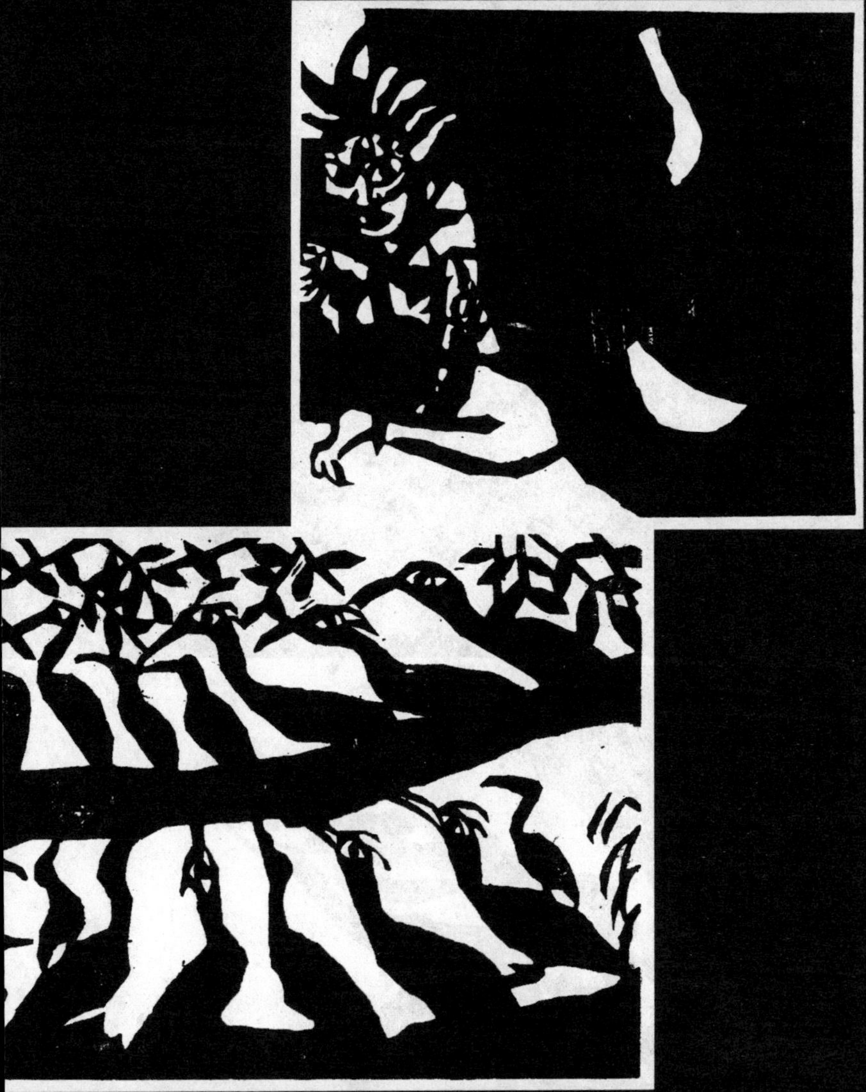

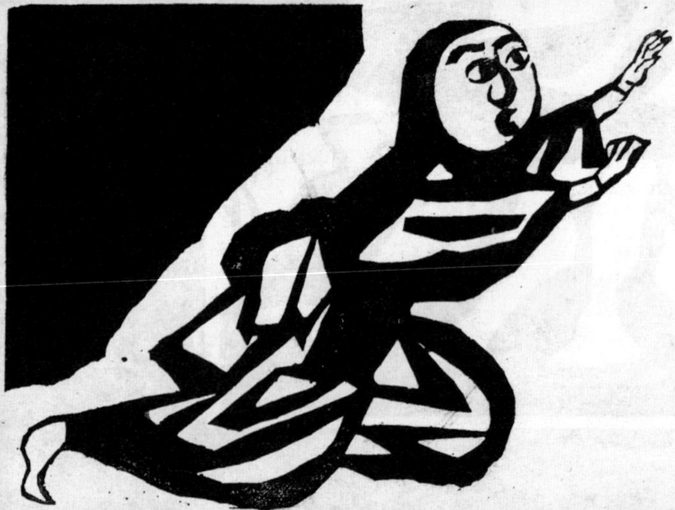

・ 棟方志功

磯鷲は不ならずかならず巖にとまりけり

• 栋方志功

后 记

海上雅臣

- 昭和五十一年 [1976] 首夏于壬子砚堂搁笔

· 本书是我就栋方志功其人和作品大要，沿其艺术轨迹，以看得清的脉络，补周边状况而就。我还上中学的时候，就为志功板画的魅力所惑，与在富山疏散的志功通信。不久，第一次拜访了搬到东京荻窪的志功府上，送去我想买的作品的钱，志功眼睛直勾勾地看着穿学生服的我，问你是替父亲跑腿还是你自己买？我说是自己的零花钱……他高兴地拉着我的手，说是自己最重要的客人，除了我想买的作品以外，还附送了两幅精美的板画。从那时起将近五年时间，我几乎每天长在他家，在栋方家客厅和他的家人一起吃午饭晚饭，在他的工作室乐此不疲地整理年谱、作品目录等。

· 获威尼斯版画大奖以后，志功开始忙起来，我也走上社会，互相见面的机会少了。那个时期，S社跟志功商量出版栋方志功板画集，委托我来编辑。

- 没想到编辑过程中,柳宗悦找到筑摩书房谈出版,对志功说要出版《栋方志功板画》,让志功把这件事全权交给他。志功跟我说,既然柳先生这么说也不好拒绝,请你原谅,这样我把编辑资料全部交给了志功。我那时整理了志功板画解说的随笔集《板画之道》,附小传交由宝文馆出版了。柳氏在筑摩本的解说文中提及此书,谓"正如栋方在近著《板画之道》[此书对普通民众了解栋方是良好的指南]所示,他是一位内省性很强的人,并非据知识和主张来工作的人"。那时,读书报的书评上,不相识的小野忠重氏写道,感谢编者不辞辛劳,以平明的方式展示了这位不易理解的画家。

- 通过长期交往,我对在相遇时感受到的、这位画家执着的人格倾倒的同时,对其画业的关注也始终不绝。此书虽则仍有未竟之处，但肯定是像柳氏所说"普通民众了解栋方"更好的指南。

· 用志功的话，他叫"艺业"的工作领域之广，与其行迹之复杂相互交织，为展现其真实状态，本书尽量以画家自己的话为主线，博采主要周边人物的证言，以期使画业的脉络在本质上清晰呈现。文中省略敬称，敬请文中被引用的各位海涵。

· 感谢从青壮年时期交友的土门拳氏为本书提供照片，龟仓雄策氏装帧设计的厚意。

· 谨于一周忌中秋明月时节，将本书献于栋方志功灵前。

图书在版编目(CIP)数据

栋方志功:美术与人生 /(日)海上雅臣著;杨晶,
李建华译. — 北京:商务印书馆,2018
ISBN 978-7-100-16150-3

Ⅰ.①栋… Ⅱ.①海… ②杨… ③李… Ⅲ.①栋方志功(Shiko Munakata,1903—1975)—评传 Ⅳ.①K831.357.2

中国版本图书馆CIP数据核字(2018)第111831号

出版统筹　王　皓
责任印制　徐　仲
书籍设计　QQQQ design
制　　版　一　平

权利保留,侵权必究。

栋方志功——美术与人生

[日]海上雅臣　著　杨　晶　李建华　译
___

商务印书馆出版
(北京王府井大街36号 邮政编码100710)
商务印书馆发行
上海雅昌艺术印刷有限公司印刷
ISBN 978-7-100-16150-3
___

2018年10月第1版　　开本　889×1194　1/32
2018年10月第1次印刷　印张　12 1/4

定价:129.00元